Collection
PROFIL LITTÉRATURE
dirigée par Georges Décote

Série
PROFI

Le Horla et autres contes fantastiques

MAUPASSANT

Résumé
Personnages
Thèmes

FRANÇOISE RACHMÜHL
agrégée des lettres

HATIER

SOMMAIRE

© HATIER, PARIS JANVIER 1992   ISSN 0750-2516   ISBN 2-218-04712-8

RÉFÉRENCES

Les contes fantastiques de Maupassant en éditions de poche

– Marabout **(M),** *Contes fantastiques complets* (n° 18, 1977).
– Presses Pocket **(PP),** *« Le Horla », lire et voir les classiques* (n° 6002, 1989).
– Garnier Flammarion, *Le Horla et autres contes fantastiques* (n° 409, 1984, **GF 1**); *Apparition et autres contes d'angoisse* (n° 417, 1987, **GF 2**).
– Folio (n° 1711, 1986) et le Livre de Poche classique (n° 840, 1979) ne contiennent que le texte du *Horla*.
– Albin Michel, *Contes choisis* (1988) ne contient que « Sur l'eau » et « La Peur » de 1882.

Contes étudiés dans ce volume et leurs références en éditions de poche

« La Main d'écorché », M, PP, GF 1.
« Sur l'eau », M, PP, GF 1.
« La Peur » (1882), M, PP.
« Apparition », M, PP, GF 2.
« Lui ? », M, PP, GF 2.
« La Main », M, PP.
« La Chevelure », M, PP, GF 2.
« La Peur » (1884), M, GF 2.
« Un fou ? », M, PP, GF 2.
« A vendre », M.
« Lettre d'un fou », M, PP, GF 1.
« Le Horla » (1886), M, GF 1.
« Le Horla » (1887), M, PP, GF 1.
« La Morte », M.
« La Nuit », M, PP, GF 2.
« L'Endormeuse », M, GF 2.
« L'Homme de Mars », M, PP, GF 2.
« Qui sait ? », M, PP, GF 2.

1 Éléments d'une biographie

5 août 1850 - Guy de Maupassant naît à Fécamp, chez ses grands-parents maternels. Sa mère s'arrange pour que son acte de naissance indique comme lieu le château de Miromesnil, qu'elle vient de louer. Depuis quatre ans, Laure Le Poittevin, fille d'un filateur normand, amie d'enfance du grand écrivain Flaubert, est l'épouse de Gustave de Maupassant, un noble authentique – un charmeur, un oisif, peintre à ses heures.

1856 - Un second fils naît de cette union, Hervé.

1861-1863 - Les parents de Guy ne s'entendent pas. L'enfant assiste, impuissant, à des scènes violentes qu'il n'oubliera jamais. Il a 12 ans quand ses parents se séparent à l'amiable. La jeune femme a la garde de ses deux enfants qu'elle élève près d'Étretat. A leurs moments de liberté, ils partagent les jeux des petits paysans dont ils parlent le patois.

1863-1868 - Laure de Maupassant envoie son fils à l'Institution ecclésiastique d'Yvetot. Il y devient bon latiniste, mais s'y ennuie. Pendant les vacances, il revient s'ébattre sur les galets d'Étretat. Un jour, il a 14 ans, il entend au loin sur la mer des appels au secours. Bon nageur, il se précipite : des marins sont en train de repêcher un imprudent. C'est un poète anglais déjà célèbre, A. C. Swinburne. Celui-ci invite Maupassant dans la maison où il vit d'étrange façon avec son ami Powell. L'adolescent se souviendra toujours de cette visite, et surtout d'une main d'écorché, coupée à un malfaiteur supplicié. Il en deviendra acquéreur et cet objet barbare inspirera plusieurs de ses contes.

1868-1869 - Interne au lycée de Rouen, il décroche le baccalauréat en 1869. Il a pour correspondant le poète Louis Bouilhet qui l'emmène, le dimanche, chez son ami

Gustave Flaubert. Celui-ci se prend d'affection pour le jeune homme qui lui montre ses premiers essais.

1870 - Il a vingt ans quand la guerre contre la Prusse éclate. Il est versé dans l'Intendance à Rouen. Il participe à la déroute française. Les visions d'horreur que ses yeux enregistrent demeureront dans sa mémoire.

▬▬▬ LES ANNÉES D'APPRENTISSAGE

1872 - Il a 22 ans. Il entre au ministère de la Marine où il reste six ans. C'est un fonctionnaire consciencieux, mais il s'ennuie. Il ébauche le projet d'écrire une série de nouvelles : *Grandes Misères des Petites Gens*. Le dimanche, pour oublier cette existence poussiéreuse, il va canoter sur la Seine, entre Bougival et Maisons-Laffitte, et fréquente les filles faciles dont les peintres impressionnistes, Monet, Renoir, savent si bien rendre le charme canaille.
Quand il ne canote pas, il se rend à Croisset, la propriété de Flaubert, près de Rouen, et lui montre ce qu'il a écrit. Flaubert le corrige, le dirige avec une tendresse de père. Il lui interdit de rien publier avant d'avoir acquis une véritable maîtrise. Il lui fait connaître les principaux écrivains de son temps, les romanciers de l'école naturaliste, les Goncourt, Zola, Huysmans, A. Daudet. Il rencontre aussi le grand écrivain russe Tourgueniev.

1875 - Il a 25 ans lorsqu'il publie sa première œuvre, « La Main d'écorché », un conte fantastique à la manière de Gérard de Nerval et d'Hoffmann.

1876 - Il récidive et dans le *Bulletin français* publie un conte, « En canot », qui sera repris plus tard dans le recueil *Boule-de-Suif,* sous le titre « Sur l'eau ».

1878 - Il passe au ministère de l'Instruction publique. Il commence à souffrir de troubles oculaires. Prédisposé aux atteintes du microbe par une lourde hérédité, Maupassant a contracté la syphilis depuis quelques années déjà. On ne sait pas alors soigner cette terrible maladie, aggravée par les excès de toutes sortes auxquels se livre l'écrivain : travail acharné, mondanités trop nombreuses, dépenses physiques répétées, plaisirs charnels sans mesure.

15 avril 1880 - Il a à peine 30 ans. Avec ses amis, les écrivains naturalistes, Maupassant décide de publier une nouvelle[1] dans un recueil consacré à l'évocation de la guerre de 70, *Les Soirées de Médan*. C'est « Boule-de-Suif », « un chef-d'œuvre », comme le déclare Flaubert. Pour Guy de Maupassant, c'est le succès. Il entre au journal *Le Gaulois* et quitte le ministère.

8 mai - Mort subite de Flaubert. Un choc terrible pour Guy, le fils adoptif.

Octobre - Maupassant fait une découverte : celle de la nature luxuriante et ensoleillée du midi de la France et de la Corse.

▓▓▓ LES ANNÉES FÉCONDES

En dix ans, 300 contes, 6 romans, 3 récits de voyage, 1 volume de vers, de nombreuses chroniques : 30 volumes en tout.

Maupassant est d'abord le collaborateur du *Gaulois*, puis celui du *Gil Blas* et du *Figaro*. Mais il abandonne peu à peu le journalisme, le genre du conte et de la chronique, pour se consacrer au roman. Il connaît le succès. En France, à cette époque, c'est lui qui a le plus fort tirage après Zola.

Il gagne bien sa vie, mais il a de gros frais : il donne de l'argent à sa mère, son frère, sa belle-sœur, sa nièce ; il assume la charge financière de ses trois enfants, que, cependant, il ne reconnaîtra pas ; il gâte ses maîtresses. Il possède une villa à Étretat, achète un grand voilier, *Le Bel-Ami*, va aux eaux, voyage.

Peu à peu, grâce à la notoriété de son œuvre, il pénètre dans les salons aristocratiques et surtout dans ceux de la haute finance, juive et cosmopolite. À la fois séduisant et

---

1. Sont appelés « contes » des récits courts, en général à caractère oral, dont la fin se termine par un trait, et « nouvelles » des récits plus longs, avec de plus nombreux personnages et de plus nombreux épisodes, dans lesquels la durée joue un rôle déterminant. Ainsi « Le Horla » de 1886 est un conte ; « Le Horla » de 1887, de tous les récits fantastiques, est le seul qui mérite le titre de nouvelle.

déplaisant, il choque souvent les hommes, se fait aimer des femmes et se sert d'eux tous comme modèles pour ses livres.

Pourtant, un malaise le ronge. Il se sent seul, il s'ennuie, il se croit malade. Il l'est.

1882-1883 - Il publie *La Maison Tellier, Mademoiselle Fifi,* recueils de contes. Il voyage en Algérie, fait une randonnée à pied en Bretagne. En octobre, il écrit «La Peur».

1883 - Il publie dans différents journaux trois contes fantastiques : « Apparition » en avril, « Lui ? » en juillet et « La Main » en décembre – outre un roman, *Une vie,* et un recueil, *Les Contes de la Bécasse.*

1884 - Trois recueils de contes : *Miss Harriet, Les Sœurs Rondoli, Clair de Lune,* un récit de voyage, *Au soleil* et trois contes fantastiques, en mai « La Chevelure », en juillet « La Peur », en septembre « Un fou ? ». Il s'intéresse aux cas de folie et à l'hypnotisme et suit les cours du professeur Charcot à la Salpêtrière, jusqu'en 1886. Charcot a alors pour élève un docteur autrichien qui deviendra célèbre : Sigmund Freud.

1885 - Trois recueils : *Toine, Contes du Jour et de la Nuit, Yvette,* un roman, *Bel-Ami,* et en janvier « À vendre », en février « Lettre d'un fou ». Il voyage en Italie.

1886 - Première version du « Horla », publiée dans le *Gil Blas* au mois d'octobre, et deux recueils de contes, *Monsieur Parent, La Petite Roque.*

1887 - Deuxième version du « Horla » dans le recueil du même nom en mai. Le même mois, il publie « La Morte » et en juin « La Nuit » dans le *Gil Blas.* Il donne aussi son troisième roman, *Mont-Oriol.* En juillet, il fait un voyage en ballon de Paris en Hollande – le ballon se nomme *Le Horla.* En octobre, il se rend en Algérie et en Tunisie. Son frère Hervé est interné pour troubles mentaux.

1888 - Avec son quatrième roman, *Pierre et Jean,* auquel est jointe une préface célèbre sur le genre romanesque, Maupassant publie un recueil de contes, *Le Rosier de madame Husson,* et un récit de voyage, *Sur l'eau.* Dans le *Paris-Noël* de 87-88 paraît « L'Homme de Mars ».

1889 - En août, second internement d'Hervé à l'hôpital psychiatrique de Bron. Maupassant publie un recueil, *La*

Main gauche et un roman, *Fort comme la Mort,* qui se termine par le suicide de son héros ; un conte étrange, « L'Endormeuse », méditation sur la meilleure façon de se donner la mort. Le 13 novembre, son frère meurt.

1890 - La santé de Maupassant se détériore. Il publie encore son dernier roman achevé, *Notre Cœur,* un recueil de contes, *L'Inutile Beauté,* un récit de voyage, *La Vie errante*. En avril, paraît dans *l'Écho de Paris* « Qui sait ? », le dernier de tous ses contes fantastiques.

▉▉▉ LE DÉCLIN

1891 - Maupassant songe à écrire deux romans, ils resteront inachevés. Il souffre des yeux, des dents, de la tête, de l'estomac. Il se sent devenir fou. Il n'est plus maître de ses mots. Il espère encore trouver un soulagement dans les villes d'eaux, puis sur la Côte d'Azur, près de sa mère qui habite Nice.

1er janvier 1892 - Il a 41 ans. En revenant de chez sa mère, il tente de se suicider. Son valet le désarme. Il entre à la maison de santé du docteur Blanche, à Passy.

8 juillet 1893 - Mort de Guy de Maupassant. Il n'a pas encore 43 ans.

2 Portrait d'un homme

Plus que toute autre production, l'œuvre fantastique tient par ses racines au riche terreau de la vie intime d'un auteur. Elle exprime mieux que toute autre ses fantasmes, ses pulsions, ses terreurs, et par là même l'aide à les exorciser. C'est pourquoi il nous faut cerner les éléments qui, dès l'enfance et tout au long de sa vie, jouèrent pour Maupassant un rôle déterminant.

■■■■ CONTRADICTIONS

« Je suis de la famille des écorchés ; mais cela, je ne le dis pas, je ne le montre pas, je le dissimule même très bien, je crois[1]. »

« En certains jours, j'éprouve l'horreur de ce qui est jusqu'à désirer la mort... En certains autres, au contraire, je jouis de tout à la façon d'un animal[2]. »

« Vous n'imaginez pas quel gentil enfant il était... Il avait l'air d'un poulain échappé[3]. » (Sa mère)

« Un taureau triste[4]. » (Taine)

« Ses yeux d'un brun clair, si vifs, si perçants, s'étaient comme dépolis[5]. » (J.-M. de Hérédia)

Une sensibilité à vif, vite blessée, soigneusement dissimulée sous l'impassibilité, la brutalité même. Au milieu des plaisirs, une tristesse soudaine. Une nervosité sans cause. Un pessimisme à toute épreuve. « L'ivresse d'être seul[6]. » La peur de la solitude. La joie de vivre, la belle santé physique et intellectuelle. Le sentiment de l'irrémé-

---

1. « À une inconnue », 1890, cité par A. Lumbroso, *Souvenirs sur Maupassant* (Slatkine, 1981, p. 223).
2. G. de Maupassant, *Sur l'eau* (Albin Michel, 1954, pp. 85-86).
3. Cité par Lumbroso, p. 143.
4. Cité par Lumbroso, p. 279.
5. Cité par Lumbroso, p. 205.
6. G. de Maupassant, *Sur l'eau* (Albin Michel, 1954, p. 23).

diable vieillissement, de la déchéance inéluctable. La hantise de la mort. L'ennui, le profond ennui.

Tels sont les traits, souvent contradictoires, qui composent le portrait de Guy de Maupassant.

▄▄▄▄▄ LA MÈRE. LA FEMME

Une sensibilité frémissante, le goût pour l'écriture, la passion de la lecture, Maupassant les doit à sa mère. Attentive à ses débuts littéraires, elle l'encourage, elle le recommande à son ami Flaubert, elle recueille pour lui des anecdotes qui serviront de sujets à ses contes, elle corrige les épreuves de ses livres. Mais il tient aussi d'elle son goût pour le malheur, son caractère dépressif, sa névrose. Laure de Maupassant est une femme malade, qui, jeune encore, vit cloîtrée, dans la demi-obscurité que ses yeux fatigués réclament. Elle tente de se suicider, cherchant à s'étrangler avec ses longs cheveux – ces longs cheveux qui hantent Maupassant et conduisent au malheur et à la folie les héros d' « Apparition » et de « La Chevelure ».

C'est que Laure, malgré l'affection que lui portent ses fils, est une épouse délaissée. Très tôt le jeune Guy partage avec sa mère un triste sentiment d'abandon. Les scènes abominables que se firent les époux avant de se séparer, vingt ans plus tard l'écrivain n'en avait pas encore épuisé l'horreur, comme le reconnaît un de ses pitoyables personnages, qui a surpris son père en train de battre sa mère : « J'éprouvais le bouleversement qu'on a devant les choses surnaturelles... C'était fini pour moi. J'avais vu l'autre face des choses, la mauvaise[1]. » Stupeur horrifiée qu'il partage avec les héros des contes fantastiques quand ils sont en présence de l'inadmissible.

Aussi, sans rompre tout lien avec son père, Maupassant est-il fortement attaché à sa mère. Tout au long de sa vie, il s'occupe d'elle, il lui écrit, il accourt aussitôt qu'elle est malade. Cet homme couvert de femmes, ce célibataire endurci passe une bonne partie de son temps près de sa maman. Elle est la seule femme pour laquelle il éprouve un sentiment durable. Envers les autres, il conserve une

---

1. « Garçon, un bock », recueilli dans *Miss Harriet* (Gallimard, Bibliothèque de La Pléiade, I, p. 1128).

attitude immature, incapable de se fixer, passant de l'une à l'autre, et les considérant le plus souvent comme côtelettes « à l'étal du boucher[1] ». À moins qu'il ne rêve à l'Inconnue, la Lointaine, celle qu'il est sûr de ne jamais rencontrer dans la réalité – celle dont il croit reconnaître les traits dans la grande photographie posée sur la cheminée de la maison « à vendre ». « C'était elle, elle-même, celle que j'attendais, que je désirais, que j'appelais, dont le visage hantait mes rêves ».

■■■■■ UN AMOUR PROFOND DE LA TERRE

Maupassant ne peut voir une femme sans avoir envie de la posséder. Ce désir, il l'éprouve aussi envers la nature. « J'aime d'un amour bestial et profond, méprisable et sacré, tout ce qui vit[2] (...) » « Pourquoi gardons-nous le souvenir si clair, si cher, si aigu de certaines minutes d'amour avec la Terre, le souvenir d'une sensation délicieuse et rapide, comme la caresse d'un paysage rencontré au détour d'une route, (...) ainsi qu'on rencontrerait une belle fille complaisante ? » demande l'écrivain dans « À vendre ». Des connotations érotiques, il passe facilement aux métaphores digestives : il a « la sensation nette et profonde de manger le monde avec son regard[3] ».

Il n'a pas trop des quatre éléments pour satisfaire ses sens avides. Comme le narrateur du « Horla » quand son fantôme lui laisse quelque répit, il jouit de la nature par tous ses pores. « Le soleil couvrait de clarté la rivière, faisait la terre délicieuse, emplissait mon regard d'amour pour la vie, pour les hirondelles, dont l'agilité est une joie de mes yeux, pour les herbes de la rive, dont le frémissement est un bonheur pour mes oreilles ». Il évoque ainsi successivement l'air, la terre, le soleil et l'eau, bien sûr, l'eau surtout.

1. Cité par A. Lanoux, *Maupassant, le Bel-Ami* (Fayard, 1967, p. 316).
2. G. de Maupassant, *Sur l'eau* (Albin Michel, 1954, p. 86).
3. G. de Maupassant, « Chronique » (*Gil Blas*, 28 septembre 1886).

■■■■ SOUS LE SIGNE DE L'EAU

Guy de Maupassant est né sous le signe de l'eau. Le roulement de l'océan berce ses premiers sommeils. Quand il grandit, il part en mer avec les pêcheurs normands et ce qu'il souhaite, c'est d'avoir un bateau à lui. Vœu qu'il réalise sur la Seine avec sa yole, et plus tard, avec son voilier, dans le bassin méditerranéen. Car, à la manière des hommes de sa race, les Vikings, il est attiré par le Sud, et passe des eaux froides de la Manche à celles, plus douces, plus lentes, de la Seine, aux flots étincelants de la Côte d'Azur.

Mais toujours le murmure de l'eau l'accompagne, comme il accompagne, obsédant, les personnages de ses contes : murmure de la Seine dans « Sur l'eau », « Le Horla », de la pluie dans « Lui? », « Un fou? », de la mer dans « À vendre », « L'Homme de Mars ». Et quand ce bruit s'éteint, parce que la rivière est tarie, « morte », il ne reste plus à l'homme qu'à mourir aussi (« La Nuit »).

Qu'elle soit sereine ou violente, la présence de l'eau est indispensable à la vie, comme celle de la femme. Maupassant éprouve envers l'une et l'autre les mêmes sentiments ambigus. Toutes deux enchanteresses, toutes deux secrètes, sournoises parfois, elles sont intimement liées dans l'imaginaire de l'écrivain. « J'aime la Seine parce qu'elle vous ressemble à vous autres femmes. Comme vous, elle est perfide, impénétrable et capricieuse, et comme vous gracieuse et bienfaisante[1]. »

Mais quand il plonge dans l'élément liquide, en nageur expérimenté, il n'en perçoit que l'aspect bienfaisant. Cette sensation de bien-être, n'est-ce pas celle de l'enfant dans le sein de la mère – de la mer, entité féminine par excellence?

Lorsque, vers la fin de sa vie, la maladie le terrasse, c'est encore à l'eau qu'il a recours. Il commence une croisière, passe d'une station thermale à l'autre, et comme le héros du « Horla » au début du récit, cherche un soulagement dans les douches, jamais trop nombreuses, jamais trop fortes à son gré.

---

1. « À Mme X », *La Grande Revue,* tome LXXV, p. 683.

LES ÉTAPES
DE LA MALADIE

Son élément favori est impuissant à le sauver. « L'être voué à l'eau est un être en vertige. Il meurt à chaque minute, sans cesse quelque chose de sa substance s'écoule [1] », écrit Gaston Bachelard.

Depuis longtemps déjà Maupassant ressent cette dissolution progressive de son être, qui aboutit en 1892 à la paralysie générale. Dès 1880, il a des troubles oculaires. L'année suivante, il perd la vue pendant plusieurs heures. Remarquons le lien entre cette expérience temporaire de la cécité et « La Nuit », récit écrit six ans plus tard, qui en est l'orchestration somptueuse. Ses yeux ne cesseront jamais de le faire souffrir.

Ces maux sont accompagnés de névralgies douloureuses dont il ne parviendra pas à se débarrasser. Le seul remède est l'éther dont il vante les mérites dans « Rêves ». Outre la sensation de bien-être profond et l'intense et délicieuse activité cérébrale qui la suit, ce qui caractérise d'abord l'effet de ce produit, c'est « l'étrange et charmante sensation de vide » que l'on éprouve dans tout son corps, un corps devenu léger, comme si, de l'intérieur, il « se vaporisait ». S'y ajoutent des visions de rêve. Dans « Le Horla » aussi, sous l'emprise de l'être invisible comme sous celui d'une drogue, le narrateur a des visions : il voit « un papillon, grand comme cent univers... Il va d'étoile en étoile, les rafraîchissant et les embaumant au souffle harmonieux et léger de sa course ! ». Mais cette vision superbe, après avoir enchanté le héros, le terrorise, car la perte de son identité, cette espèce de « vaporisation » intime, lui devient vite insupportable.

Malgré le soulagement passager dû à l'éther, Maupassant ressent de plus en plus souvent un profond sentiment d'angoisse. Il a l'impression d'être suivi. Quand il se regarde longuement dans la glace, il ne reconnaît plus son image. Dès 1882, il a des hallucinations. Elles se multiplient vers 1887, relevant de l'autoscopie [2]. « Une fois sur deux, en rentrant chez moi, je vois mon double [3]. »

---

1. G. Bachelard, *L'Eau et les Rêves* (J. Corti, 1942, p. 9).
2. Autoscopie : hallucination par laquelle on croit se voir soi-même.
3. P. Borel, *Le Destin tragique de G. de Maupassant* (Édition de France, 1927, pp. 31-32).

Mais il n'a aucun doute à ce sujet : « Je sais que c'est une hallucination au moment même où je l'ai[1].» On croirait entendre le narrateur de « Lui? », victime d'une semblable erreur des sens : « Mon esprit était demeuré tout le temps lucide... Les yeux seuls s'étaient trompés ». Ce qui n'empêche pas la peur, la peur déraisonnable, irrépressible, de s'emparer du héros.

■ LA MALADIE ET LES CONTES FANTASTIQUES

Du coup, l'on mesure tout ce que certains contes fantastiques doivent à la maladie de Maupassant. De là à penser qu'il écrivit ces contes parce qu'il était fou, il n'y a qu'un pas qui fut vite franchi par certains esprits.

Psychiatres et critiques engagèrent sur ce sujet une véritable polémique et le texte qui excita le mieux leur verve fut sans conteste « Le Horla ». « On dirait que " Le Horla " est écrit par un pensionnaire de la maison du Docteur Blanche[2] », déclare C. Lapierre au début du siècle. Plus près de nous, quand le professeur Louis Gayral est pressenti pour réaliser un film médical sur la peur et la maladie mentale, il choisit « Le Horla » comme support de son film[3].

Mais peut-on comparer cette œuvre à la structure savante, au style limpide, qui révèle un artiste parfaitement conscient de son art, aux compositions bizarres et floues des malades mentaux? « Il suffit de considérer la subtile organisation des nouvelles dites de la folie pour apprécier la vigoureuse santé morale de l'écrivain et sa maîtrise dans le moment créateur[4]. » D'ailleurs, si l'on considère la courbe de la production fantastique de Maupassant, on se

1. P. Borel, *Le destin tragique de G. de Maupassant* (Édition de France, 1927, pp. 31-32).
2. Cité par A. Lumbroso, *Souvenirs sur Maupassant* (Slatkine, 1981, p. 621).
3. Film réalisé par J.-D. Pollet, avec Laurent Terzieff, 1966.
4. A. Vial, *G. de Maupassant et l'art du roman* (Nizet, 1954, p. 227).

rend compte qu'au moment où se multiplient les symptômes alarmants, il n'écrit plus guère de récits étranges.

En revanche, il continue à composer des contes, des nouvelles, des romans réalistes. Il se donne à une œuvre qui ne révèle pas la moindre défaillance de l'esprit créateur – jusqu'à la fin, jusqu'au moment où les mots lui manquent. Alors son histoire cesse de nous concerner.

Cependant, il est incontestable qu'il ait utilisé dans ses ouvrages l'expérience cruelle que lui conférait la maladie. Doué d'une perspicacité peu commune, n'était-il pas, comme tout grand écrivain, « son propre sujet d'observation[4] » ?

---

1. A. Lanoux, *Maupassant, le Bel-Ami* (Fayard, 1967, p. 193).

3 Contextes historiques

S'il puise en lui-même la matière de ses contes fantastiques – ce qui leur confère une troublante impression d'authenticité – Maupassant n'en subit pas moins l'influence de son époque.

■■■■ LE JOURNALISME

N'oublions pas que Maupassant gagne sa vie grâce à sa plume. Nous avons vu qu'il avait un important train de vie, de nombreuses obligations familiales : il a de gros besoins d'argent. Puisque les journaux le font vivre, au moins pendant les premières années de sa carrière, il doit se plier à leurs exigences.

Les journaux imposent aux écrivains des dimensions précises, un ton particulier et la variété des sujets. Il faut piquer l'intérêt des lecteurs par des textes relativement courts (2 500 à 3 000 mots), éviter la monotonie à tout prix. Surprendre, amuser, faire réfléchir. À côté des saynètes normandes, Maupassant compose des récits de guerre, des études de mœurs parisiennes; il peint des paysans, des boutiquiers, des femmes du monde, mais aussi des fantômes et des fous; il aborde le genre comique, le genre tragique et le genre fantastique; sans attacher d'ailleurs à celui-ci une importance particulière.

Quand on écrit pour un journal, il faut savoir saisir l'actualité : nombreux sont les récits qui débutent par une allusion à un fait divers récent, séquestration dans «Apparition», crime dans « La Main »; et dans « La Chevelure », la fameuse affaire du sergent Bertrand, profanateur de cadavres, qui devait longtemps défrayer la chronique. Il faut savoir profiter de l'intérêt suscité par les grandes questions débattues par des spécialistes. Le docteur Monin, en 1883, consacre sa chronique médicale au problème du suicide. En 1885, Louis Davyl aborde celui de la folie chez les intellectuels. Dans les années 1883-1885,

Maupassant publie huit contes qui illustrent tous le thème du suicide. Il le reprend dans « Le Horla » de 1887 et « L'Endormeuse ». Une autre série de ses contes – qu'ils soient fantastiques ou non – est consacrée au thème de la folie ; mais ils sont si abondants, ils trahissent, de la part d'un écrivain promis à la démence, une préoccupation si constante qu'il serait faux d'y voir seulement le savoir-faire d'un journaliste habile à capter l'intérêt des lecteurs pour le sujet du jour.

Un autre trait que Maupassant conserve du journalisme, c'est l'habitude de reproduire certains passages de ses textes, sans les modifier ou presque, dans de nouvelles œuvres. Qu'importe puisque les lecteurs, quand ils auront leur journal sous les yeux, auront déjà oublié ce qu'ils auront lu la semaine ou l'année précédente ? Dans « Lettre d'un fou » et les deux versions du « Horla », l'écrivain relate la même expérience du miroir sans reflet, en utilisant les mêmes termes : la glace dans laquelle le narrateur devrait contempler son image est « vide, claire, pleine de lumière ». Cependant, pour mieux rendre cette vision à la fois anodine et épouvantable, il ajoute dans le texte de 1887 un adjectif – un seul, mais significatif : « profonde ». Travail d'un écrivain qui n'est pas seulement un journaliste.

▬▬▬ LES MAÎTRES

Il suffit de parcourir l'œuvre de Maupassant – réaliste ou fantastique – pour y découvrir une vision du monde profondément pessimiste : la société est injuste, l'amour est un leurre et Dieu, s'il existe, est le plus grand de tous les criminels. L'homme est irrémédiablement seul, créature bornée, mal faite, promise à la destruction, « machine animale en proie aux maladies, aux déformations, aux putréfactions, poussive, mal réglée, naïve et bizarre » (« Le Horla »).

Bien sûr, on peut rattacher ce pessimisme aux traumatismes de l'enfance, aux attaques sournoises de la maladie. Mais pour le justifier et l'étayer sur un système cohérent déjà élaboré, Maupassant a su se trouver des guides.

Flaubert, d'abord, le substitut du père, le maître aimé, qui lui apprend à regarder et à écrire, qui lui apprend aussi à percer l'apparence des choses et à percevoir « l'éternelle misère de tout[1] ». Aux yeux de Maupassant, Flaubert demeurera toujours « un des grands malheureux de ce monde, parce qu'il était un des grands lucides », et il cite de lui « cette phrase désespérante : nous sommes tous dans un désert, personne ne reconnaît personne »[2].

Comme beaucoup d'intellectuels de cette époque, Maupassant subit aussi l'influence du grand philosophe allemand Schopenhauer. Il connaît l'essentiel de sa pensée grâce aux traductions de son ami Jean Bourdeau[3]. Il a lu également les *Premiers Principes* d'Herbert Spencer, auteur anglais[4]. Aux yeux de celui-ci, comme à ceux de Schopenhauer, nos sens grossiers, notre intelligence limitée ne nous permettent d'avoir de l'univers qu'une connaissance imparfaite. La vie est un mensonge perpétuel. « Un fou ? », « Lettre d'un fou », « Le Horla », « L'Homme de Mars » contiennent des développements semblables, plus ou moins bien intégrés au récit. Ils n'offrent ni la même profondeur, ni la même rigueur que ceux des philosophes anglais et allemand, mais reflètent la même tentative de lucidité désespérée.

■■■■ RECHERCHES ET DÉCOUVERTES

Nous avons vu que Maupassant avait suivi les cours du professeur Charcot, à la Salpêtrière. Il connaît aussi les travaux de l'École de Nancy, auxquels il fait allusion dans « Le Horla ». La démence le fascine; fascination qu'il partage avec bien des hommes de son temps. On commence à comprendre alors que la frontière est mince entre la maladie et la santé et l'on essaie de la franchir. On tente d'entrer en communication avec ceux que la folie sépare du reste du monde.

---

1. « Lettre de Maupassant à la nièce de Flaubert », 8 mai 1880.
2. « Solitude », recueilli dans *M. Parent* (Gallimard, Bibliothèque de la Pléiade, I, p. 1255).
3. *Pensées, fragments et maximes de Schopenhauer,* traduits par J. Bourdeau, 1880-1881.
4. *Premiers Principes de Spencer,* traduits par Cazelles, 1871.

On utilise pour cela, dans l'espoir de les guérir, d'abord le magnétisme, puis l'hypnotisme que pratiquent Charcot et le docteur Bernheim à Nancy. Les hypnotiseurs vrais ou faux – car bien des charlatans s'en mêlent – connaissent la vogue dans les salons. Une scène comme celle du « Horla », où le docteur Parent endort Mme Sablé et la force à agir selon sa volonté, n'a rien qui puisse surprendre les contemporains de Maupassant. Mais dans cette scène, comme dans celle qu'il relate dans « Un fou ? », l'étonnant pouvoir qui est mis en jeu semble apporter plus de souffrance à l'homme que de soulagement.

Les conquêtes de la science ne rendent l'homme ni plus sage ni plus heureux. Bien plus, les découvertes récentes tendent à prouver que l'être humain n'est pas le seul habitant de l'espace, mais qu'il en est un des moins perfectionnés. Camille Flammarion expose cette théorie dans *La Pluralité des mondes habités* (1862) et *Les Terres du ciel* (1877). Il suppose que les habitants de Saturne sont transparents, ceux de Mars ailés et qu'ils vivent dans une atmosphère jaune-orangé – détails dont Maupassant se souviendra en écrivant « Le Horla » et « L'Homme de Mars ».

En 1877, Schiaparelli[1] démontre l'existence sur cette planète de « canaux » et l'on en déduit naturellement qu'ils ont été conçus par des cerveaux intelligents. Enfin on aperçoit dans les années 80, en Allemagne, puis en Turquie, des objets volants non identifiés : l'idée qu'il existe un « navire sidéral lancé dans l'infini par des êtres pensants » (« L'Homme de Mars ») n'appartient pas qu'au XXᵉ siècle !

■ L'ESPRIT FIN-DE-SIÈCLE

Des planètes lointaines peut surgir l'émule, le successeur de l'homme : il ne vient pas pour le bien de l'humanité. Il est conçu comme destructeur, non comme sauveur. C'est que l'époque est au pessimisme. Y règnent le

---

1. Astronome italien, 1835-1910.

doute, le désenchantement, l'exaltation des sentiments morbides, le sens de la décadence[1].

L'art lui-même reflète ces incertitudes et ces tristesses. En musique, aux accords mélodieux de Gounod répondent les élans démesurés de Wagner. En peinture, les Impressionnistes offrent de la réalité une vision fragmentée, mouvante; leur préférence les porte vers les éléments en fuite, les ciels frémissants, l'eau qui coule, les reflets. Près d'eux, bien différents, des visionnaires comme Odilon Redon et James Ensor traduisent plastiquement des ouvrages ou des thèmes qui appartiennent au domaine du fantastique[2].

Maupassant, malgré ses goûts conformistes, est trop artiste lui-même pour ne pas suivre de près l'évolution esthétique de son temps. Ses textes – et tout particulièrement ses textes fantastiques – en portent les traces, nous le verrons plus loin[3]. L'œuvre d'un écrivain n'est pas seulement le reflet de son monde intérieur : elle réfléchit aussi, comme en un miroir déformant, le visage de son époque.

---

1. Pour s'en faire une idée, il suffit d'énumérer les titres d'ouvrages parus entre 1882 et 1885 : *Fleurs d'ennui* (P. Loti), *Monstres parisiens* (C. Mendès), *À vau-l'eau, À rebours* (J.-K. Huysmans), *Contes cruels* (Villiers de l'Isle-Adam), *Les Névroses* (M. Rollinat), *Le Vice suprême* (J. Peladan), *Complaintes* (J. Laforgue), *Suicide-Club* (R. L. Stevenson).
2. Redon illustre par des lithographies les *Contes* d'E. Poe et *La Tentation de saint Antoine* de Flaubert. James Ensor, peintre flamand, reprend inlassablement, dans ses peintures et ses gravures, le thème du masque.
3. Voir le chapitre 10, p. 67 *sqq.*

4 Résumés

La Main d'écorché (1875)

Lors d'une joyeuse soirée d'étudiants au cours de laquelle on boit force punch, un jeune homme montre à ses amis un objet étrange : une main d'écorché qu'il vient d'acquérir. Ce serait la main d'un supplicié, criminel célèbre. À demi saoul, il lève son verre, et s'adressant à cette main : « Je bois, dit-il, à la prochaine visite de ton maître. » Rentré chez lui, il attache la main à la sonnette pendue à côté de son lit. Le matin suivant, on le retrouve à moitié étranglé, devenu fou. Aucune trace de l'agresseur. La main a disparu. Le jeune homme meurt. Quand on creuse le sol pour y déposer son cercueil, on découvre un squelette au poignet coupé, sa main desséchée posée à côté de lui.

Sur l'eau (1876)

Un soir, un canotier rentre chez lui, seul, sur la Seine. La nuit est si belle qu'il jette l'ancre. Quand il veut repartir, l'ancre accrochée au fond ne vient pas. Il est obligé de passer la nuit dans son bateau, parfois émerveillé, le plus souvent affolé, terrifié même par le spectacle insolite de la rivière envahie par le brouillard. Il se sent « tiré par les pieds tout au fond de cette eau noire ». Le jour naît, deux pêcheurs l'aident à remonter son ancre, chargée du cadavre d'une vieille femme.

La Peur (octobre 1882)

Le récit commence par une définition de la peur. Deux exemples illustrent cette définition. Le narrateur se trouve en Afrique avec un ami. Ils traversent les dunes par une chaleur accablante. Un bruit insolite se fait entendre : c'est le tambour des sables. « La mort est sur nous », s'écrie un Arabe. Et l'ami du narrateur tombe sur le sol, mort, frappé par une insolation. Or le tambour des sables est un phénomène naturel.

Une autre fois, dans le nord-est de la France, le narrateur passe une nuit d'épouvante chez un garde forestier, qui a tué un braconnier deux ans auparavant. Le garde et sa famille sont persuadés que le mort reviendra cette nuit-là. Le narrateur, d'abord sceptique, finit par partager leur terreur. Un vieux chien qui hurle à la mort est chassé de la maison, enfermé dans une cour. Tous attendent le fusil à la main. Bientôt on entend un être frôler les murs, à l'extérieur; une tête blanche hirsute apparaît à la vitre. Le garde tire. Le lendemain, on trouve le cadavre du chien, la tête fracassée par une balle : il avait réussi à s'échapper.

Apparition (avril 1883)

Au cours d'une soirée où l'on parle de séquestration, le vieux marquis de la Tour-Samuel conte une histoire de sa jeunesse. Un jour, un ami retrouvé par hasard lui confia une mission : aller chercher dans son château des papiers importants. Cet ami, devenu veuf, avait vécu dans cet endroit des moments de bonheur avec sa jeune femme et ne voulait plus y retourner. Le marquis accepta, trouva le bâtiment abandonné, gardé par un jardinier réticent. Il pénétra dans la chambre qu'on lui avait indiquée. Comme il fouillait dans le secrétaire, une grande femme vêtue de blanc lui demanda de bien vouloir peigner ses longs cheveux emmêlés. Épouvanté, il accepta cependant. À peine eut-il achevé qu'elle s'enfuit. Le marquis rentra chez lui perplexe, se demandant s'il avait été victime d'une hallucination : pourtant des cheveux de femme étaient entortillés autour de ses boutons. Son ami ayant disparu, il n'eut jamais la clé de cette énigme.

Lui ? (juillet 1883)

Le narrateur envoie une lettre à un ami pour expliquer son attitude. Malgré son aversion pour le mariage et son mépris des femmes, il décide de se marier. Pourquoi ? Pour ne plus être seul la nuit : il a peur. Voici pourquoi. Un soir, une nervosité inquiète et sans objet le chassa de chez lui et le poussa à errer sur les boulevards pluvieux. Quand il rentra, il remarqua que sa porte, qu'il avait fermée à double tour en partant, était simplement tirée. Sans doute un ami était-il venu le voir, introduit par la concierge. Justement un homme était assis dans son fauteuil, devant son feu, endormi. Lorsqu'il s'approcha de lui pour le toucher, il ne rencontra que le vide. Hallucination ou fantôme ? L'hésitation demeure. Mais depuis ce jour, la peur le hante. Il est sûr d'y échapper s'il n'est plus seul.

La Main (décembre 1883)

« La Main » reprend le schéma de « La Main d'écorché ». La victime est un mystérieux Anglais qui habite la Corse, pays de la vendetta. Il garde chez lui une main desséchée, attachée par une chaîne : c'est celle, prétend-il, de « son meilleur ennemi ». Il meurt étranglé dans des circonstances étranges, abominables. On ne retrouve pas l'assassin, mais quelque temps plus tard, la fameuse main est découverte sur sa tombe. L'histoire est contée par un juge d'instruction, qui occupait alors un poste en Corse.

La Chevelure (mai 1884)

Un homme mène une existence paisible entièrement tournée vers le passé, car il reconnaît être « possédé par le désir des femmes d'autrefois ». Un jour, il achète un meuble italien du XVIIe siècle, qu'il ne se lasse pas de contempler et de manier. Il réussit à ouvrir un tiroir secret contenant une magnifique chevelure de femme. Cette chevelure l'obsède. Bientôt il croit rencontrer la femme à laquelle elle appartenait, il croit voir, tenir, posséder cette morte. Il clame son bonheur. On l'enferme dans un asile.

La Peur (juillet 1884)

L'auteur rapporte une conversation qu'il eut avec un vieux monsieur sur la peur. Deux anecdotes illustrent leurs propos.

L'auteur se souvient d'un récit que lui fit chez Flaubert le grand écrivain russe Tourgueniev. Un jour qu'il chassait dans une forêt en Russie, Tourgueniev, alors jeune homme, se jeta dans une rivière pour se rafraîchir. Tout à coup il sentit une main se poser sur son épaule : il vit à ses côtés nager un être monstrueux, sorte de femelle de gorille ou d'homme. Épouvanté, il s'enfuit poursuivi par l'être qui riait. Un petit berger survint alors, frappa l'être qui disparut. C'était une folle, mais Tourgueniev avait eu peur parce qu'il n'avait pas su deviner en elle un être humain.

Le vieux monsieur à son tour raconte cette histoire : une nuit où il voyageait seul, à pied, en Bretagne, il vit passer une brouette qui roulait toute seule. Personne ne la conduisait ! Il comprit plus tard qu'elle était sans doute menée par un enfant trop petit pour qu'il l'ait aperçu.

Un fou ? (septembre 1884)

L'auteur apprend la mort de Jacques Parent, enfermé dans une maison de santé.

Un soir d'orage, Jacques Parent lui avait confié son secret : il possédait un étrange pouvoir magnétique dont il avait peur. Pour le démontrer, il força la chienne Mirza, endormie, à rapporter un mouchoir lancé contre le mur opposé, à poursuivre un lièvre imaginaire et même à attaquer son maître. Puis il attira dans ses doigts un couteau placé loin de lui sur une table.

À vendre (janvier 1885)

L'auteur se promène le long de la côte bretonne, un matin de printemps. Il aperçoit une maison blanche bâtie sur trois terrasses qui descendent au bord de l'eau. Sa vue lui paraît familière. La maison est à vendre. Il la visite et reconnaît sur la cheminée une grande photographie de femme : il ne l'a jamais rencontrée, mais c'est elle, celle qu'il attend, qu'il désire. Il s'empare de la photo et s'enfuit, sûr de retrouver cette femme un jour et de la ramener dans la jolie maison.

Lettre d'un fou (février 1885)

Ce récit est un premier crayon du « Horla ». Des paragraphes entiers sur l'insuffisance de nos sens, la présence de l'invisible et l'expérience du miroir qui ne capte plus le reflet du narrateur, seront repris, presque textuellement, dans les deux versions du « Horla ».

Un homme écrit à son médecin. Il songe à se réfugier dans une maison de santé. Comment en est-il venu là ?

Il vivait comme tout le monde, dans l'aveuglement,

jusqu'au jour où il découvrit la faiblesse de nos organes et conclut que « nous sommes entourés de l'Inconnu inexploré ». Il a fait des efforts extraordinaires pour cerner l'invisible. Est-il devenu fou ? La terreur s'est emparée de lui, mais il a vu un être invisible. Il a deviné sa présence et dans la pièce vivement éclairée, il n'a plus aperçu son image dans la glace : l'Invisible se tenait entre le miroir et lui.

Il ne l'a plus revu, mais il l'attend et déjà, dans la glace, il commence à avoir toutes sortes de visions hideuses.

Le Horla (octobre 1886)

Le docteur Marrande, aliéniste célèbre, va présenter le cas d'un de ses malades à des confrères. Un homme paraît et raconte son histoire.

Il vivait confortablement dans une grande demeure blanche, au bord de la Seine où passent des bateaux venus du monde entier. Soudain, sans raison apparente, il fut pris de malaises. Son cocher semblait atteint du même mal. Il attribuait au fleuve une influence pernicieuse, quand un fait bizarre se produisit : un soir, il s'endormit en laissant sa carafe pleine d'eau à côté de son lit. En se réveillant, il la trouva vide. Après s'être livré à diverses expériences, il aboutit à cette conclusion effarante : quelqu'un était près de lui toutes les nuits et buvait son eau.

Cependant il allait mieux ; par contre, un de ses voisins souffrait à son tour des mêmes maux.

Un matin de printemps, il se promenait dans son jardin. Il vit, sous ses yeux, une rose se casser, s'élever en l'air, comme cueillie par une main. Un peu plus tard, il vit une page du livre qu'il avait posé sur sa table tourner toute seule. Il en était persuadé à présent, un être invisible se trouvait là, ne le quittait plus, lui prenait sa vie. Il le baptisa le Horla. Il finit par le voir un soir où, ayant allumé toutes les lumières de son appartement, il se retourna brusquement : le grand miroir où il avait l'habitude de se contempler était vide. Son propre reflet avait disparu. Puis, lentement, comme à travers une grande épaisseur d'eau, il réapparut progressivement.

Il avait donc vu le Horla, vision épouvantable. Il se réfugia aussitôt dans une maison de santé.

Mais, comme le certifie à présent le médecin, trois de

ses voisins sont atteints du même mal, et chez eux aussi le lait et l'eau disparaissent chaque nuit.

Alors le malade développe sa théorie : un être nouveau, plus perfectionné que l'homme, a fait son apparition sur la Terre. Un journal brésilien le confirme, en décrivant une épidémie qui sévit dans la province de São Paulo. Or c'est un trois-mâts brésilien que le malade a vu passer sur la Seine, juste avant que ses maux commencent.

Le docteur Marrande murmure alors : « Je ne sais si cet homme est fou... ou si... si notre successeur est réellement arrivé. »

Le Horla (mai 1887)

On retrouve les mêmes éléments que dans le récit précédent et distribués dans le même ordre. Mais cette fois le récit est beaucoup plus long et se présente sous la forme d'un journal tenu par le narrateur, qui commence le 8 mai et se termine le 10 septembre.

Deux nouveaux épisodes sont enchâssés dans le récit : le voyage au Mont-Saint-Michel et le séjour à Paris. Le narrateur, pour échapper à sa hantise, visite le monument médiéval et cause avec un moine. Un peu plus tard, il se rend à Paris, où il reste trois semaines, mais il ne relate d'une manière détaillée que deux journées. Il assiste à une séance d'hypnotisme qui le bouleverse. Dans sa conversation avec le moine, comme dans ses commentaires sur le pouvoir de l'hypnotisme, il continue à se poser la même angoissante question : l'invisible existe-t-il ?

D'autre part, l'auteur a supprimé toute allusion à des voisins atteints du même mal. La présence du Horla n'est perçue que par le seul narrateur. À la fin du récit, il n'a pas recours à la maison de santé et à l'aliéniste pour se protéger. Seul, il tend un piège au Horla, l'enferme dans sa chambre et met le feu à sa demeure. Mais le Horla n'a-t-il pas survécu ? Le narrateur alors n'a plus qu'à se tuer.

La Morte (mai 1887)

Le narrateur a perdu sa maîtresse qu'il aimait éperdument. Il se rend au cimetière sur sa tombe, surmontée d'une croix avec ces mots : « Elle aima, fut aimée, et mourut. »

Il décide de rester là et de passer la nuit près d'elle. Quand l'obscurité est totale, il se met à errer dans le cimetière. Il entend alors un bruit confus qui semble sourdre de terre. Puis une des pierres tombales se soulève et un squelette apparaît. Il efface l'inscription élogieuse qui se trouvait sur son tombeau et du bout du doigt écrit la vérité en lettres lumineuses : il fut un homme dur et sans foi, qui mourut misérablement. Peu à peu, de toutes les tombes, les morts surgissent, effaçant les mensonges, rétablissant la vérité.

Alors le narrateur court vers le tombeau de sa bien-aimée sur lequel il lit l'inscription suivante : « Étant sortie un jour pour tromper son amant, elle eut froid sous la pluie, et mourut. »

La Nuit (juin 1887)

Le narrateur avoue sa passion pour la nuit. Mais « ce qu'on aime avec violence finit toujours par vous tuer ». Un soir – était-ce hier ? il ne sait plus – il a quitté les boulevards, remonté les Champs-Élysées, est passé sous l'Arc de Triomphe, et s'est dirigé vers le bois de Boulogne où il est resté longtemps. Puis il est revenu vers la ville qui s'endormait. Il a erré dans ses rues désertes, s'est perdu, a marché pendant des heures. Sa montre s'est arrêtée. Les maisons auxquelles il a frappé semblent vides. Pas une lueur, pas un bruit. Il arrive sur les quais. Du fleuve monte un air glacé. Il s'approche de l'eau. Elle coule à peine, presque gelée. Il est à bout de forces. Il ne lui reste plus qu'à mourir là.

L'Endormeuse (septembre 1889)

En se promenant le long de la Seine, l'auteur lit dans son journal un article sur le nombre élevé des suicides. Il se met à rêver.

Il imagine une « œuvre de la Mort volontaire », fondée par des hommes éminents. Les désespérés y passeraient en douceur de vie à trépas, grâce à un gaz chargé des effluves de leur fleur préférée. Dans un salon décoré d'une manière charmante, une chaise longue vous inviterait au repos : il suffirait alors de vous allonger sur cette

« endormeuse » et de respirer l'odeur délicieuse. L'auteur s'y essaie, y prend goût, mais une voix bien réelle l'arrache à ses rêves. C'est celle du garde champêtre qui part établir un constat. On vient de repêcher un noyé dans la Seine.

L'Homme de Mars (*Paris-Noël* 1887-88)

Un petit homme exalté, un peu bizarre, expose longuement ses théories à l'auteur : la vie existe sur les autres planètes, en particulier sur Mars. Les habitants de Mars sont peut-être supérieurs à l'homme. En tout cas, il a failli les voir. Comme il était assis sur une falaise d'Étretat, en train de regarder le ciel, il vit tomber dans la mer un globe lumineux entouré d'ailes immenses, dans lequel se débattaient des êtres affolés. Le ballon s'enfonça dans l'eau avec un grand fracas. Était-ce le premier navire sidéral ou bien une comète attirée par la Terre?

Qui sait ? (avril 1890)

Bien qu'il ne puisse en croire ses yeux, un homme solitaire voit un soir ses meubles se déménager eux-mêmes. Il va trouver la police et déclare qu'on les lui a volés. Puis il quitte sa maison vide et voyage.

Un jour qu'il se promène à Rouen, il retrouve ses meubles dans la boutique d'un brocanteur. Il va aussitôt au commissariat, mais quand les policiers se rendent dans la boutique, meubles et brocanteur ont disparu. Quinze jours plus tard, le narrateur apprend, par une lettre de son jardinier, que tous ses meubles sont revenus dans sa maison.

Pourtant il n'y retourne pas. Il se réfugie dans une maison de santé, inquiet à l'idée d'y retrouver peut-être un jour le brocanteur devenu fou. « Les prisons elles-mêmes ne sont pas sûres. »

5 Le fantastique de Maupassant

De « La Main d'écorché », sa première publication, au « Qui sait ? » de 1890, Maupassant n'a jamais cessé d'écrire des contes fantastiques. Il a même étudié « le fantastique » d'une manière générale, en quelques pages concises, mais pénétrantes.

▪▪▪▪▪ BREF HISTORIQUE

Car le XIXᵉ siècle est la grande époque du fantastique. Cette vogue commence en France dans les années 1820 et s'épanouit en pleine période romantique. Sous l'influence d'Hoffmann d'abord, puis d'Edgar Poe, dans les traductions de Baudelaire, d'innombrables auteurs français s'adonnent au fantastique avec plus ou moins de bonheur. Les grands noms sont Nodier, Nerval, Théophile Gautier, Mérimée; un peu plus tard, Erckmann-Chatrian, Lautréamont, Villiers de l'Isle-Adam.

Au cours du siècle, le fantastique évolue. Dans les années 70, on ne s'intéresse plus guère aux histoires de châteaux hantés, de prêtres maudits, de pactes avec le diable, qui avaient enchanté les romantiques. Mais l'importance accordée au magnétisme, à l'hypnotisme, l'intérêt pour les maladies mentales, la découverte d'une apparence de vie sur les planètes lointaines infusent au fantastique un sang nouveau. C'est à cette période que Maupassant commence à écrire ses contes.

▪▪▪▪▪ LES ÉCRITS THÉORIQUES DE MAUPASSANT

Maupassant nous livre ses réflexions sur le fantastique dans « La Peur » de 1882 et 1884, et dans trois chroniques, dont la plus importante s'intitule précisément « Le fantastique[1] ».

Rien de formaliste dans ses propos. Aucune allusion à son expérience de conteur. Mais la définition qu'il donne de l'œuvre fantastique pourrait assez bien s'appliquer à la sienne, et certaines de ses formules font pressentir celles de nos modernes théoriciens.

Autrefois, constate Maupassant, « les écrivains entraient du premier coup dans l'impossible ». Aujourd'hui, leur technique a changé. « L'art est devenu plus subtil... L'écrivain a rôdé autour du surnaturel plutôt que d'y pénétrer[2] » On a donc affaire à un fantastique plus nuancé, moins éloigné de la réalité, dont le meilleur représentant, après Hoffmann et Poe, est l'écrivain russe Tourgueniev, que Maupassant a personnellement connu. Il l'a rencontré chez Gustave Flaubert à plusieurs reprises et a pu apprécier ses qualités remarquables de conteur oral.

La première caractéristique du fantastique, c'est qu'il s'appuie sur la réalité. « Le fantastique se caractérise par une intrusion du mystère dans le cadre de la vie réelle », écrit P.-G. Castex[3] en 1951. En 1883, Maupassant affirmait : « L'extraordinaire puissance (...) d'Hoffmann et d'Edgar Poe vient de cette façon particulière de coudoyer le fantastique et de troubler avec des faits naturels[4]. » Quant à Tourgueniev, « il raconte des histoires simples où se mêle seulement quelque chose d'un peu vague et d'un peu troublant[5] ».

Mais cette simplicité n'est ni naïveté, ni ignorance. Elle résulte d' « une habileté savante» et plonge le lecteur dans le doute : c'est la seconde caractéristique du fantastique. « L'écrivain a trouvé des effets terribles en demeurant sur la limite du possible, en jetant les âmes dans l'hésitation... Le lecteur indécis ne savait plus, perdait pied comme en une eau dont le fond manque... »[6], dit Maupassant, et de nos jours, T. Todorov : « Le fantastique ne dure

---

1. « Adieu, mystères» (Le Gaulois, 8 novembre 1881); « Le Fantastique » (Le Gaulois, 7 octobre 1883); « Par-delà » (Gil Blas, 10 juin 1884).
2. G. de Maupassant, « Le Fantastique ».
3. P.-G. Castex, Le Conte fantastique en France de Nodier à Maupassant (J. Corti, 1951, p. 8).
4. G. de Maupassant, « Le Fantastique ».
5. G. de Maupassant, « La Peur » 1884.
6. G. de Maupassant, « Le Fantastique ».

que le temps d'une hésitation : hésitation commune au lecteur et au personnage[1]. »

Enfin la troisième caractéristique du fantastique, selon Maupassant, comme, plus près de nous, selon l'auteur américain H. P. Lovecraft[2], c'est son alliance avec la peur. Maupassant insiste à de nombreuses reprises sur ce point. La peur n'est pas un manque de courage devant un danger réel, mais un sentiment étrange, puissant, qui s'attaque à l'être entier et dissout ses forces vives, devant un péril incompréhensible. « La vraie peur, c'est quelque chose comme une réminiscence des terreurs fantastiques d'autrefois[3]. » Il loue Hoffmann et Poe de « leur extraordinaire puissance terrifiante[4] » et remarque que si les simples récits de Tourgueniev ont sur le lecteur un effet saisissant, c'est parce que l'auteur russe laisse « deviner le trouble de son âme, son angoisse devant ce qu'elle ne comprenait pas, et cette poignante sensation de la peur inexplicable qui passe, comme un souffle inconnu parti d'un autre monde[5] ».

■■■■ UNE AUTRE DIMENSION DU FANTASTIQUE

Mais dans ses contes eux-mêmes, et non plus dans ses écrits théoriques, Maupassant laisse entrevoir une autre dimension du fantastique; il permet d'amener au jour, sous le couvert de la fiction, ce qu'il y a de plus intime, de plus enfoui en l'homme : l'âme, « ce sanctuaire, ce secret du Moi... cet asile des inavouables idées, de tout ce qu'on cache, de tout ce qu'on aime, de tout ce qu'on veut celer à tous les humains » – ce qu'on a enterré « dans (sa) conscience comme un effroyable secret ».

Grâce au fantastique s'expriment enfin les pulsions refoulées, l'érotisme macabre dans « La Chevelure » et « La Morte », le désir de faire mal, de tuer dans « Un

---

1. T. Todorov, *Introduction à la littérature fantastique* (Le Seuil, 1970, p. 46).
2. H. P. Lovecraft, *Épouvante et surnaturel en littérature* (traduction de B. Da Costa, Paris, 10/18, 1969).
3. G. de Maupassant, « La Peur », 1884.
4. G. de Maupassant, « Le Fantastique ».
5. G. de Maupassant, « Le Fantastique ».

fou ? », « Le Horla » de 1887, le sentiment de la folie qui progresse et envahit l'être. Car le fantôme que redoute le plus le héros fantastique, ce n'est pas un être extérieur à lui-même, mais celui qu'il abrite au fond de lui : « J'ai peur de moi ! J'ai peur de la peur », avoue le narrateur de « Lui ? ».

ÉVOLUTION DES CONTES FANTASTIQUES DE MAUPASSANT

Sauf « À vendre », « L'Endormeuse » et « L'Homme de Mars » qui appartiennent plus au domaine du rêve qu'à celui du cauchemar, tous les contes fantastiques de Maupassant sont des contes de l'angoisse – non seulement l'angoisse accidentelle que l'on éprouve devant un fait inexplicable, mais une angoisse profonde, existentielle pourrait-on dire, devant le mystère de la vie et de la mort.

Ce trait, que l'on retrouve aussi dans bon nombre d'œuvres réalistes, confère aux récits fantastiques de Maupassant une unité indiscutable. Cependant, si on les examine de près, on s'aperçoit qu'il s'y dessine des séries.

Dès le début de sa carrière, on peut distinguer chez Maupassant deux manières d'aborder le genre fantastique. Dans « La Main d'écorché », comme plus tard dans « Apparition » ou « La Main », il nous livre un récit traditionnel, bien agencé, parsemé d'indices de plus en plus troublants qui laissent à la fin le lecteur dans une perplexité parfaite. Les personnages sont typés; ils possèdent un nom, un état civil, un caractère.

Des influences diverses se font sentir. Dans « La Main d'écorché », celle d'Hoffmann, avec son bol de punch et sa joyeuse réunion d'étudiants, et celle de Nerval qui, lui aussi dans sa jeunesse, au même âge que Maupassant, avait traité un sujet semblable dans « La Main enchantée[1] ». L'influence d'Edgar Poe est sensible dans « Apparition », dont la haute silhouette de femme blanche et fantomatique n'est pas sans rappeler Ligéia, Morella et

---

1. G. de Nerval, « La Main de gloire », 1832, rééditée en 1852 sous le titre « La Main enchantée », dans les *Contes et Facéties*.

Lady Madeline Usher[1]. Dans « La Main », le salon extravagant, « tendu de noir, de soie noire brodée d'or », fait songer aux intérieurs funèbres et baroques chers à l'auteur américain.

Quand Maupassant écrit « Sur l'eau » en 1876, juste l'année suivant la publication de « La Main d'écorché », il inaugure un autre type de récit étrange, auquel se rattachent « Lui ? », « À vendre », « La Nuit », « Qui sait ? », et dans une certaine mesure « Le Horla » de 1887. Plus d'influences extérieures ; une simplicité extrême du sujet : l'inspiration naît de l'expérience intime. Le narrateur et l'auteur se confondent en un « je » anonyme qui échappe à tout pittoresque ; les événements sont colorés par son propre regard. Ainsi qu'à la fin des contes traditionnels, le lecteur, ne sachant quelle interprétation donner, éprouve le plaisir subtil du doute, mais aussi un malaise plus profond, presque viscéral, comme s'il avait reçu une confidence horrible et gênante.

■■■■ DEUX SÉRIES THÉMATIQUES

Si l'on examine les thèmes, on peut faire des regroupements différents. Deux séries alors apparaissent : celle qui est centrée sur l'objet, et plus particulièrement la main détachée du corps, et celle qui traite de l'apparition du fantôme, être venu d'ailleurs, de la tombe, de l'au-delà, de l'espace interplanétaire.

À la première série appartiennent bien sûr « La Main d'écorché » et « La Main ». « Un fou ? » reprend sous une forme plus subtile et plus personnelle le même sujet ; mais cette fois la puissance de l'œil et de la main s'explique d'une manière quasi scientifique, bien que mystérieuse encore. Et les réflexions du héros sur l'hypnotisme et le magnétisme nous préparent aux développements semblables que nous rencontrerons dans « Lettre d'un fou » et « Le Horla ». « Qui sait ? » fait partie du même cycle dans la mesure où les meubles du narrateur se déména-

---

1. E. Poe, « Ligéia », « Morella » dans *Histoires extraordinaires,* 1856, et « La Chute de la maison Usher », dans *Nouvelles Histoires extraordinaires,* 1857.

geant tout seuls sont eux aussi des objets inanimés. Comme la main, ils prennent vie pour le plus grand malheur de leur propriétaire.

Au cycle général du fantôme se rattachent évidemment « Lettre d'un fou » et les deux versions du « Horla ». Mais les précédant, les préparant en quelque sorte, nous avons une série de contes unis par un lien thématique évident : « La Peur » de 1882, « Apparition », « Lui ? », « La Chevelure ». Ils traitent tous de la présence d'un être surnaturel, laquelle se révèle presque toujours fausse au dénouement. C'est un chien dans « La Peur », peut-être une femme séquestrée dans « Apparition », une hallucination dans « Lui ? », le fantasme d'un fou dans « La Chevelure »; mais le temps du récit, le lecteur y a cru, comme le narrateur. Tous deux se posent la question sur la réalité de leur vision, sous cette forme de point d'interrogation qui revient si souvent dans les titres des contes.

Après « Le Horla », qui décidément occupe dans l'œuvre de Maupassant une place centrale, « La Morte » et « L'Homme de Mars » reprennent le même thème et le développent dans deux autres directions : la morte est une figure allégorique. Elle ne ressuscite que pour révéler la duplicité de sa nature de femme, l'hypocrisie inhérente à tout être humain. L'homme de Mars représente la première esquisse de l'extra-terrestre, cher aux auteurs de science-fiction. Symbolisme et merveilleux scientifique marquent alors les limites d'un domaine au-delà duquel le fantastique cesse d'exister.

Technique
du récit

Quand Maupassant prend la plume dans les années 80, la technique du récit fantastique a été mise au point par ses prédécesseurs. Lui-même, grâce à son abondante production de contes et de chroniques, acquiert rapidement une parfaite maîtrise du texte court. Mais au gré de son évolution, il aura tendance à délaisser les principes traditionnels pour utiliser des moyens plus originaux, mieux aptes à recréer son univers.

■■■■■■ UNE EXPÉRIENCE PARTAGÉE

Ce qui frappe d'abord quand on lit d'affilée les dix-huit textes que nous avons choisis, c'est l'apparente variété de forme que prennent tous ces récits : lettre, journal, récit écrit, récit oral, cauchemar, rêve, dialogue, anecdotes citées au cours d'une conversation. Pourtant, sauf dans « Le Horla » de 1887, sur lequel nous reviendrons, l'événement rapporté appartient toujours au domaine du passé. Il a un caractère achevé, définitif, comme le prouve l'emploi constant du passé simple.

On pourrait croire que l'anecdote, au moment où elle est contée, n'éveille pas de répercussion chez le lecteur, et ne soutient son intérêt que par la manière habile dont elle est contée. Cependant Maupassant prend soin d'indiquer ses prolongements insidieux dans la vie présente du narrateur. « Voici maintenant 56 ans que cette aventure m'est arrivée, et il ne se passe pas un mois sans que je la revoie en rêve », avoue le vieux marquis de la Tour-Samuel. Et prenant son auditoire à témoin, comme pour lui faire partager son expérience et son émotion, il ajoute : « Il m'est demeuré de ce jour-là une marque, une empreinte de peur, me comprenez-vous ? » (« Apparition »). C'est à un ami que le narrateur de « Lui ? » confie son désarroi, presque dans les mêmes termes :

« Depuis ce jour-là, j'ai peur tout seul, la nuit... C'est

stupide, mais c'est atroce. Que veux-tu ? Je n'y peux rien ». Parfois le narrateur franchit un pas de plus en se confiant ; non seulement il en éprouve un soulagement certain, mais il en attend une amélioration de son état. « J'aime mieux que tu saches tout ; d'ailleurs, tu pourras me secourir », dit Jacques Parent à l'auteur dans « Un fou ? »; et le héros de « Qui sait ? », après avoir tout raconté au médecin, décide d'écrire son histoire : « Je ne sais pas trop pourquoi. Pour m'en débarrasser, car je la sens en moi comme un intolérable cauchemar ».

Voilà donc le lecteur devenu confident, pris à partie, mis en mesure de témoigner, d'apporter son aide; mais même lorsqu'on ne lui demande pas une participation aussi active, on ne veut pas laisser son esprit en repos : le lecteur français, épris de logique bien qu'amateur d'émotions fortes, restera sur sa faim quand il aura lu le dernier paragraphe. Dans « Apparition » et « La Main », le vieux marquis et le juge sévère achèvent leurs récits en prononçant des mots identiques : « Je ne sais rien de plus. » L'auditoire du juge proteste : « Mais, ce n'est pas un dénouement cela, ni une explication ! Nous n'allons pas dormir si vous ne nous dites pas ce qui s'est passé selon vous. » Comme le narrateur propose une interprétation réaliste, une femme s'écrie : « Non, ça ne doit pas être ainsi. » Alors comment cela doit-il être ? Son livre fermé, le lecteur continue à se le demander.

▬▬▬▬ LA VOIX DU NARRATEUR

Si le lecteur demeure troublé, c'est aussi parce que le narrateur a su lui communiquer ses propres doutes, son émotion. Il n'y a pas, dans les contes, de narrateur omniscient, pas de récit purement objectif; tout est coloré par le regard, le jugement de celui qui parle; il a participé directement à l'événement, en a été personnellement victime, ou témoin privilégié : les contes fantastiques de Maupassant sont tous écrits à la première personne.

Mais qui est ce « je » qui parle ? Car il ne s'agit pas toujours de la même personne. Dans les récits traditionnels tels que « La Main d'écorché », « La Main », ou dans « Un fou ? », le récit est fait par un homme qui, sans être directement concerné par les phénomènes qu'il rapporte, peut en témoigner aujourd'hui : il les a vus, constatés, s'en est étonné ou épouvanté, éprouvant ce mélange d'horreur et de fascination qu'il communique au lecteur; car il a été « subjugué, vibrant de terreur et dévoré d'une sorte de désir impétueux de voir » (« Un fou ? »). À moins qu'il ne soit demeuré froid comme le juge de « La Main », faisant semblant de prendre son histoire pour une banale intrigue policière, mais insistant si bien sur l'étrangeté des faits que celle-ci en paraît plus évidente encore, plus crédible, puisque c'est un juge d'instruction qui lui sert de caution.

Si dans « Apparition », un conte classique des débuts de Maupassant, le narrateur et le héros se confondent dans le personnage bien typé du vieux marquis de la Tour-Samuel, dans « Lui ? », « La Chevelure », « Lettre d'un fou », écrits la même année ou les années suivantes, le récit est rédigé par un « je » anonyme. Nous le rencontrerons de plus en plus fréquemment dans les œuvres fantastiques de Maupassant, jusqu'à la fin de sa carrière. Ce « je » entretient des rapports complexes avec l'auteur. Dans quelle mesure le représente-t-il ? On hésite parfois; cependant Maupassant se met en scène expressément dans certains contes.

Dans « À vendre » et « L'Endormeuse », il est le héros songeur d'une aventure à peine fantastique; cela lui permet de peindre ses rêves sous une couleur poétique ou bien en les teintant d'humour noir. Mais quand il veut exprimer ses blessures secrètes, ses terreurs les plus vives, il préfère le truchement d'un personnage, ce moi anonyme, légèrement différent de lui-même, un « double décalé » selon l'expression de M.-C. Bancquart[1]. Ainsi le narrateur du « Horla » est et n'est pas Maupassant. Comme lui, il aime les bords de l'eau, la solitude, les livres. Mais sa demeure le long de la Seine est celle de Flaubert; et quand il veut prendre au piège le Horla, il n'écrit pas vraiment, il fait semblant d'écrire.

Le plus souvent l'auteur en titre n'intervient que pour être témoin ou interlocuteur comme dans « Un fou ? », « L'Homme de Mars »; dans « Sur l'eau » et « La Chevelure », il ne fait qu'introduire le narrateur.

---

1. M.-C. Bancquart, « Maupassant conteur fantastique » (*Archives des Lettres Modernes*, 1976, p. 95).

RÉCIT ENCADRANT
ET RÉCIT ENCADRÉ

En effet, il est fréquent que le narrateur ne prenne pas directement la parole. Un premier récit précède et encadre un second récit auquel il sert de conclusion : « La Peur » de 1882, « La Main », « La Chevelure », « Le Horla » première version en sont des exemples parfaits. Parfois, plus simplement, le premier narrateur cède le pas à un second narrateur qui le relaie. L'auteur qui a loué une villa au bord de la Seine fait la connaissance d'un de ses voisins, « un canotier enragé ». Celui-ci lui parle longuement de sa « passion dévorante » pour la rivière : après cette double introduction, nous écoutons enfin l'anecdote qui donne son titre au conte : « Sur l'eau ».

On peut trouver la construction du récit déséquilibrée, mais le même thème – la fascination presque maladive que l'eau exerce sur le conteur – est modulé de différentes façons dans les trois parties du texte, et lui confère son unité; et comme par un jeu de reflets, le narrateur semble être un double de l'auteur.

Le procédé du récit encadré est courant au XIXᵉ siècle. Maupassant l'emploie dans un grand nombre de ses contes, fantastiques ou réalistes. On pourrait le trouver artificiel; mais il existe toujours un lien puissant, thématique ou structural, entre récit encadrant et récit encadré. Parfois celui-ci se présente comme l'illustration d'une idée générale émise au début du conte : ainsi dans les deux textes intitulés « La Peur ».

Parfois le récit encadrant contient un portrait du narrateur. Ce que nous apprenons sur lui, son âge, son expérience, son métier, nous permet d'accorder à ses paroles une meilleure crédibilité. Comment ne pas croire à la terreur surnaturelle d'un vieux marquis, qui n'a jamais reculé « devant les dangers véritables » (« Apparition »), à celle qu'éprouve « un de ces hommes qu'on devine trempés dans le courage » (« La Peur »); enfin comment mettre en doute ce que révèle un magistrat, « juge d'instruction » (« La Main »)?

Mais ce que dit un fou, peut-on y croire ? Dans « Le Horla » de 1886, l'homme « que ronge une pensée » raconte une histoire incroyable. Pourtant le docteur Marrande, qui le présente à ses confrères, est, lui, « le plus illustre et le plus éminent des aliénistes » : or il atteste l'authenticité des révélations de cet homme.

Le docteur Marrande fait partie de l'auditoire du narrateur; il intervient au cours du récit; c'est un procédé fréquent chez Maupassant qui lui permet de donner au conte un tour oral plaisant et vif. Les femmes frissonnantes suspendues aux lèvres du juge Bermutier (« La Main ») se livrent à des commentaires puérils; en fait, elles contribuent à renforcer l'hésitation du lecteur. Comment accepter avec elles une interprétation surnaturelle des faits ? Oui, mais comment ne pas douter de l'explication trop rationnelle du juge, laquelle d'ailleurs n'explique rien ? La présence de ces jeunes sottes ne crée pas seulement un effet de contraste entre l'horreur de l'histoire contée et le ton mondain de la narration, elle ajoute à l'incertitude dans laquelle nous plonge le récit.

■■■■■ UN EXEMPLE DE RÉCIT TRADITIONNEL : « APPARITION »

Dans un conte fantastique bien fait, tout élément, si gratuit, si inutile semble-t-il au premier abord, vise à accentuer l'effet fantastique. Nous pouvons le constater en examinant de près un des contes de Maupassant : « Apparition ».

Nous avons la chance de posséder l'article de 1852 qui lui servit de source[1]. La comparaison entre les deux textes est instructive. Les grandes lignes sont les mêmes. Mais l'auteur de l'article laisse clairement entendre qu'il s'agit d'une séquestration : une femme adultère a été punie par son mari.

Maupassant, sans rejeter complètement cette hypothèse, accentue, modifie les détails de façon à permettre une interprétation surnaturelle. Il ne fait pas allusion à un adultère possible. Il transforme l'aspect de la femme : grande, vêtue de blanc, ses cheveux d'ébène contrastant avec la couleur de sa robe, elle a tous les traits d'un fantô-

---

1. Jules Lecomte, « Courrier de Paris » (L'Indépendance belge, 17 janvier 1852), cité dans Le Horla et autres contes cruels et fantastiques (Garnier, 1976, p. 539).

me. D'ailleurs la scène ne se passe pas dans une pièce bien éclairée, comme dans le texte de 1852, mais dans la demi-obscurité d'une chambre dont le héros n'a pu ouvrir le contrevent. Charme artistique du clair-obscur et circonstance favorable à une apparition !

Les moindres détails contribuent à développer l'effet fantastique. Quand on parvient au terme du récit, on hésite avec le narrateur devant trois interprétations possibles : il a vu un fantôme; il a vu une femme séquestrée; il a eu une hallucination. Mais alors il découvre l'objet-témoin de l'aventure incroyable, les cheveux enroulés autour de ses boutons. Il les arrache et demeure dans sa perplexité.

▓▓▓ LES DEUX VERSIONS DU « HORLA »

Quand nous lisons « Apparition », nous partageons la perplexité du héros, le temps de la lecture. Mais nous savons que c'est une histoire d'autrefois. De même, dans la première version du « Horla », même si nous nous posons la question : ce récit extraordinaire est-il écrit par un fou ou par un homme plus lucide que les autres ? – le récit en lui-même ne nous touche guère. Nous l'écoutons avec une certaine froideur, la souffrance du narrateur ne nous atteint pas et nous n'hésitons pas à relever des détails bizarres, mal amenés. Par exemple, d'où vient ce nom de « Horla » dont il affuble l'être invisible ? « Je l'ai baptisé le Horla. Pourquoi ? Je ne sais point ». D'ailleurs il se rend compte du défaut de sa narration : « Je sens, messieurs, que je vous raconte cela trop vite ».

Dans la deuxième version du « Horla », Maupassant abandonne le type traditionnel du récit encadré et la présentation du narrateur par un personnage éminent dont la seule utilité est d'authentifier les propos tenus. Il adopte la forme du journal; il rapporte les faits juste après qu'ils se sont produits : « 5 juillet. – Ai-je perdu la raison ? Ce qui s'est passé la nuit dernière est tellement étrange, que ma tête s'égare quand j'y songe ! ». La narration s'intercale entre les moments de l'action.

LA DRAMATISATION DU RÉCIT DANS « LE HORLA » DE 1887

Comme dans les autres contes fantastiques, le récit appartient au passé, mais il s'agit d'un passé tout proche, vieux de quelques jours, de la veille, et même du moment précédant juste celui où le narrateur prend la plume. Les temps du récit sont encore le passé simple, mais aussi le passé récent, et surtout le passé composé qui dépeint une action dont les effets se font encore sentir dans le présent. « Je viens de rentrer; et je n'ai pas pu déjeuner »; « Je viens de lire ceci dans la *Revue du Monde scientifique* »; « J'ai songé toute la journée... Il est venu... Je l'ai vu ». Parfois c'est un verbe au présent qui permet d'évoquer une scène du passé, fiévreusement réveillée dans l'esprit du narrateur : « Ah ! Ah ! je me rappelle... le beau trois-mâts brésilien... Oh ! je me rappelle à présent les paroles du moine du Mont-Saint-Michel ». C'est le présent, avec toute sa valeur de durée et de répétition, qui sert à exprimer l'état dans lequel se débat le malheureux et la présence obsédante du Horla. Quand il prononce pour la première fois le nom du Horla, il semble écrire sous la dictée de celui-ci; on croirait que l'esprit invisible se substitue à lui au moment même où il rédige son journal : « Le... comment se nomme-t-il... le... il semble qu'il me crie son nom, et je ne l'entends pas... (...) J'écoute... Je ne peux pas... répète... le... Horla ».

Cette dramatisation du récit est unique dans l'œuvre fantastique de Maupassant. L'effet obtenu est saisissant. En effet, comment ne pas partager l'émotion du narrateur ? Nous voyons tout avec son regard. Plus de médecin, plus d'ami, pas de témoin pour ratifier ou dénoncer ses dires. Du coup, nous sommes poussés vers une interprétation des faits différente de celle qui nous était proposée dans la version de 1886. Nous ne nous demandons plus si le Horla va dominer l'homme, mais s'il existe. N'est-il pas le fantasme d'un esprit malade qu'on voit se dégrader au fil des jours ? Grâce à sa structure narrative, « Le Horla » de 1887 fait du lecteur le seul confident du héros et lui permet d'assister, impuissant, à cette lente décomposition d'une personnalité, avec ses rémissions, ses rechutes, ses accélérations et son aboutissement tragique.

STRUCTURE DE LA NOUVELLE : LA MISE EN ABÎME [1] DANS « LE HORLA » DE 1887

Car ce texte a les dimensions, on pourrait dire « le tempo », d'une nouvelle. Le temps y est saisi dans sa coulée, plus lente dans la première partie du récit, jusqu'au retour de Paris, et qui va s'accélérant dans la deuxième partie jusqu'au finale. Pour mieux faire ressentir son épaisseur, l'écrivain n'hésite pas à moduler des reprises, à utiliser des effets d'écho. À l'exclamation du début : « Quelle journée admirable ! J'ai passé toute la matinée étendu sur l'herbe », correspond la remarque du 2 août, qui amorce la seconde partie de l'œuvre : « Rien de nouveau; il fait un temps superbe ». Mais les premiers malaises se font sentir. Le 12 mai, le narrateur note : « Je descends le long de l'eau; et soudain, après une courte promenade, je rentre désolé, comme si quelque malheur m'attendait chez moi – Pourquoi ? ». C'est le même processus, détaillé, amplifié, qui est décrit le 7 août, après le retour de Paris.

L'épisode du moine du Mont-Saint-Michel, celui de la séance d'hypnotisme à Paris, que Maupassant a ajoutés dans la seconde version du « Horla », prennent toute leur signification lorsque le narrateur comprend enfin le rôle qu'ils ont joué dans la sombre machination dont il est victime : « Certes, voilà comment était possédée et dominée ma pauvre cousine, quand elle est venue m'emprunter 5 000 francs ». Le lecteur réalise alors que cet épisode, dont la nécessité de prime abord ne paraissait pas évidente, est en réalité un reflet fidèle – une mise en abîme – du récit tout entier. Toutes les pièces du puzzle se mettent en place. Nous savons maintenant pourquoi, dès la première page du journal, le narrateur voit passer sur la Seine « un superbe trois-mâts brésilien tout blanc, admirablement propre et luisant », et pourquoi sa maison à lui est blanche aussi, bâtie au bord de l'eau : pour permettre au Horla, attiré par toute blancheur, de s'y glisser.

---

1. Mise en abîme : récit dans le récit qui offre les mêmes éléments et la même structure que le récit tout entier. Comme dans certains tableaux des peintres flamands, un miroir renvoie l'image, réduite, mais fidèle, de la scène représentée.

On pourrait citer bien d'autres passages qui se correspondent dans cette œuvre dense mais dont la construction savante reflète la dualité interne du sujet : deux personnages, deux parties, deux épisodes secondaires, jusqu'à la dernière phrase dont tous les termes sont redoublés : « Alors... alors... il va donc falloir que je me tue, moi ! ». On a pu souligner chez Maupassant « le dualisme de ses logiques narratives... dualisme fondamental[1] ». Notons que ce dualisme sert bien une œuvre dont le thème sous-jacent est le double – le double d'abord extérieur à l'homme, « hors-là », qui peu à peu se révèle à lui, s'insinue en lui, le dépouille et le tue...

■■■■■ LE SCHÉMA NARRATIF DES CONTES

Histoire d'une révélation : un fait ignoré se manifeste; cette manifestation bouleverse l'homme qui se débat en vain; elle le conduit à sa perte. Tel est le schéma que l'on pourrait faire des événements narrés dans la plupart des contes de Maupassant. On résumerait ainsi « Le Horla » et tant d'autres récits, fantastiques ou non.

Dans les œuvres réalistes, la découverte de ce qui était resté caché n'apporte pas le bonheur, ou rarement. Jamais dans les contes fantastiques. Car dans ceux-ci, la révélation atteint l'homme dans ce qu'il a de plus intime. Ce qui se manifeste à lui, ce n'est pas un phénomène extérieur, une injustice sociale, un désordre familial. C'est de lui-même qu'il s'agit, de son autre visage, de ses vices, de ses hontes secrètes, de sa peur. Ainsi, sous le couvert du fantastique, l'écrivain peut exprimer les thèmes qui le hantent, nés dans l'inconscient. « J'étais (...) sûr de dissimuler, de ne rien dire à personne de ce que j'avais vu, de le cacher, de l'enterrer dans ma conscience comme un effroyable secret », dit le narrateur de « Qui sait ? ». Ce qu'il ne dit à personne, il le confie au papier, et c'est ce qui fait la matière du conte.

Que la révélation soit progressive, comme dans « Le Horla » ou « La Nuit », ou soudaine, comme dans « Apparition » ou « Lui ? », elle entraîne le héros dans le malheur.

---

1. Jean Paris, *Le Point aveugle* (Le Seuil, 1975, p.137).

Il se débat et ce sont ses sursauts qui constituent la trame du récit. Puisque la destinée l'a pris au piège, il essaie de lui rendre la pareille. Toute la fin du « Horla » est occupée par les minutieux préparatifs du héros pour attirer l'être mystérieux dans sa chambre, l'y enfermer et mettre le feu à la maison. Mais la dernière page laisse entendre qu'une fois de plus il est perdant au jeu de la destinée.

L'homme est toujours perdant : telle est la constatation que fait le secrétaire de l' « œuvre de la mort volontaire ». « On commence à y voir clair, et on en prend mal son parti. On constate qu'on est floué, partout, et on s'en va... On quitte la place qui est décidément mauvaise », remarque-t-il non sans ironie. Car la révélation ne précipite pas toujours l'homme dans la démence. Il peut rester lucide, et d'autant plus désespéré.

Cette conclusion désespérée, Maupassant y aboutissait déjà dans son premier conte, « La Main d'écorché ». Mais il faut reconnaître que l'impression faite sur nous par la lecture de « Qui sait ? » est beaucoup plus subtile. La technique de Maupassant a évolué d'une œuvre à l'autre. Au fur et à mesure qu'il écrivait des contes fantastiques, il a délaissé le type traditionnel du récit encadré pour la narration directe, le personnage aux traits affirmés pour le narrateur anonyme, le danger venu de l'extérieur pour celui qui sourd insidieusement du plus profond du moi, et finit par contaminer l'univers.

7 L'univers fantastique : le cadre

Si bien composé que soit un récit fantastique, nous ne pourrons y adhérer que si nous croyons, au moins pour un temps, à la réalité de l'univers qu'il dépeint. Quand le cadre qu'il décrit et les personnages qui s'y meuvent n'ont aucune épaisseur, aucune vraisemblance, nous entrons dans le royaume du merveilleux pour abandonner celui du fantastique. Celui-ci, Maupassant l'a dit lui-même, est construit à partir de « faits naturels » qui appartiennent au domaine du « possible [1] ». Le paradoxe de l'univers fantastique, c'est qu'il doit ressembler au nôtre – tout en étant différent.

■■■■■ LES REPÈRES DU TEMPS

Plus l'histoire contée sera incroyable, plus les repères du temps et de l'espace seront importants.

Nous avons vu à quel point le découpage du temps dans « Le Horla » de 1887 était complexe et significatif. Déjà dans « La Main d'écorché » le récit s'articulait autour de notions précises : « Il y a huit mois environ (...) Le lendemain (...) En ce moment, on sonna (...) Je dormis mal la nuit suivante (...) Vers six heures du matin (...) Dans un journal du lendemain (...) On lisait le lendemain (...) Pendant sept mois, j'allai le voir (...) Pendant deux heures il resta fort calme (...) Quatre jours après je me promenais (...) Le lendemain tout était fini ».

Il n'est pas question, évidemment, de relever des citations analogues dans tous les contes fantastiques de Maupassant. Mais si nous prenons le dernier, « Qui sait ? », nous pourrons constater la même minutie dans l'énoncé des données temporelles. « Ce jour-là, dit le narrateur, je

---

1. Voir le chapitre 5, p. 31 *sqq.*

revenais à pied, d'un pas allègre (...) De l'octroi chez moi, il y a (...) vingt minutes de marche lente. Il était une heure du matin » – et il rectifie, dans le souci d'une exactitude scrupuleuse : « une heure ou une heure et demie ». Il accumule ensuite les détails qui expriment la durée de son attente avant le moment où il ouvre la porte et où l'impossible se produit : « Je ralentis le pas (...) Je m'arrêtai (...) Je sentis qu'il me faudrait attendre quelques minutes (...) J'attendis. J'attendis longtemps ». Même précision dans la seconde partie du conte où il relate ses voyages, son séjour à Rouen – en automne –, sa promenade dans la ruelle des antiquaires – « un soir, vers quatre heures ».

On connaît la suite de l'histoire : il retrouve ses meubles chez un brocanteur, tard dans la soirée, se rend aussitôt chez le commissaire de police qui, une heure après, part faire arrêter le voleur présumé. En vain. L'homme a disparu. Le lendemain matin, quand on perquisitionne dans le magasin, ce sont les meubles du narrateur qui ont aussi disparu ! Etrange coïncidence en vérité ! Le commissaire en est « surpris » et le narrateur le remarque lui-même, il lui semble « incompréhensible » que le brocanteur ait pu déménager ses meubles et les remplacer par d'autres en l'espace d'une nuit. Le décompte précis du temps qui s'écoule entre les différentes étapes du récit n'a pas pour but, cette fois, de renforcer chez le lecteur une impression d'authenticité; au contraire, il accentue l'aspect irréel, incroyable des événements. Comme si le temps lui-même, à son tour, se détraquait dans l'univers où se débat le héros de Maupassant.

C'est surtout dans « La Nuit » que ce phénomène est frappant; il constitue même un des éléments majeurs du conte. Le narrateur ne s'interroge plus seulement sur le moment où l'événement se produit, mais aussi sur sa durée : « Donc hier – était-ce hier ? (...) Mais depuis quand la nuit dure-t-elle ? Depuis quand (...) ? Qui le dira ? Qui le saura jamais ?». Et ce n'est pas par hasard si, au cours du récit, sa montre s'arrête.

■■■■■ LA NUIT

Un autre élément important de ce récit est justement celui qui lui a donné son titre : « La Nuit ». Chez Maupassant, comme chez de nombreux auteurs fantastiques, la plupart des textes pourraient s'intituler, à la manière de ceux d'Hoffmann, « Contes nocturnes ».

Les premiers récits jouent du clair-obscur : nous avons vu comment dans « Apparition » Maupassant avait volontairement accentué cet aspect, en modifiant l'article qui lui avait servi de point de départ. Même dans « La Main », qui se passe au grand soleil de Corse, le salon de Sir Rowell a un aspect ténébreux. Si l'on étudie de près la deuxième version du « Horla », on constatera qu'au fur et à mesure que se déroulent les événements, les scènes nocturnes prennent le pas sur les scènes diurnes : c'est un soir que le narrateur devine la présence du Horla en train de lire son livre, un soir qu'il surprend dans la glace son « corps imperceptible », un soir, après minuit, qu'il met le feu à sa maison pour le tuer. Mais dans ces épisodes, l'obscurité n'est pas encore totale, la clarté des bougies ou de l'incendie met des lueurs dans les ténèbres.

Pourtant, avant que la première flamme surgisse, le narrateur remarque à quel point la nuit est sombre, quand il attend dans le jardin. « Tout était noir, muet, immobile; pas un souffle d'air, pas une étoile, des montagnes de nuages (...) qui pesaient sur mon âme si lourds, si lourds ». C'est presque avec les mêmes mots que s'exprime le narrateur de « La Morte ». Et celui de « La Nuit » renchérit : « La ville s'endormait, et des nuages, de gros nuages noirs s'étendaient lentement sur le ciel (...) Il me sembla (...) que la nuit, que ma nuit bien-aimée, devenait lourde sur mon cœur ». Dans les trois œuvres, même impression d'opacité extrême, de lourdeur : comme si la nuit n'était pas seulement un moment de la journée, mais une matière, de plus en plus envahissante, oppressante, dans ces derniers contes que Maupassant écrivit à la veille du moment où la folie, cette nuit de l'esprit, devait s'emparer de lui.

Il a envers la nuit la même attitude ambivalente, faite d'attirance et d'horreur, qu'envers l'eau, qu'envers la femme, envers tout ce qui glisse, ondoie, enveloppe, fascine et détruit : « Ce qu'on aime avec violence finit toujours par vous tuer » (« La Nuit »).

■■■■ LES LIEUX

Bien que certains contes fantastiques soient situés dans des pays lumineux comme l'Afrique, la Corse, la côte bretonne par un beau jour d'été, tous les autres ont pour cadre des pays humides où les vapeurs de l'eau brouillent les contours des choses et favorisent l'apparition des spectres : bords de Seine, Normandie, Paris. Treize contes sur dix-huit se déroulent dans ces lieux précis, nettement circonscrits dans un périmètre limité, celui où Maupassant a vécu, qu'il a aimé et où il a situé la plus grande partie de son œuvre.

Le décor est parfois emprunté à la tradition, surtout dans les premiers contes : chambre d'étudiant dans « La Main d'écorché », château abandonné dans « Apparition », forêt secouée par l'orage dans « La Peur »; et dans « La Main », salon bizarre tout encombré de bric-à-brac exotique, dans « L'Endormeuse », serre aux tendres couleurs, remplie de palmiers et de fleurs, pièces tarabiscotées dans le goût fin-de-siècle, telles que Maupassant les aimait; enfin il n'oublie pas ce lieu de prédilection des fantômes : le cimetière, dans « La Main d'écorché » et « La Morte ».

■■■■ LA VILLE

Cependant, dans ce dernier texte, le cadre s'élargit, car il ne s'agit plus d'un cimetière quelconque, mais d'une des plus vastes nécropoles de la capitale, et la méditation du narrateur s'étend à tous ces disparus, « plus nombreux que les vivants », qui forment une « ville à côté de l'autre, celle où l'on vit ». Ville mystérieuse et funèbre qui est comme le négatif de la cité vivante.

La ville, dans les contes de Maupassant, joue un rôle important. Lieu de chasse pour l'amateur de femmes et celui d'objets rares, comme dans « L'Inconnue » et « La Chevelure » – lieu de détresse où la solitude est plus qu'ailleurs poignante, la misère, plus pitoyable.

Ville de cauchemar, déserte, sombre, froide – morte. Le narrateur s'égare; ses repères habituels lui échappent. Le jour devrait naître : « L'espace était noir, tout noir, plus profondément noir que la ville » – la Seine devrait couler : le fleuve, son dernier recours, se décompose lui aussi en un peu de boue glacée (« La Nuit »).

▰▰▰ LA PERTE DES REPÈRES

La ville familière de « La Nuit », comme la forêt de Roumare dans « Le Horla », devient étrangère à l'homme; il s'y perd. « Je ne savais plus par où j'étais venu », dit le narrateur du « Horla ». A quoi répond celui de « La Nuit » : « Je me perdis (...) Je me perdis encore. Où étais-je ? ». Il ne leur reste plus qu'à explorer l'espace obscur avec des tâtonnements d'aveugle. La reprise de la même comparaison dans « La Morte » et « La Nuit » montre sa valeur obsessionnelle : « Je touchais, je palpais comme un aveugle » (« La Morte »); « Je me remis en marche comme un aveugle » (« La Nuit »).

Exploration d'un espace horizontal qui se transforme dans « Qui sait? » en espace vertical; montée et descente vertigineuses dans ce dédale plein d'objets morts qu'est la boutique du brocanteur, « catacombes d'un cimetière de meubles anciens (...) maison vaste et tortueuse comme un labyrinthe ». Lieu qui symbolise la mort, les ténèbres et un monde infernal, encerclé par l'Eau de Robec, nauséabonde et noire, comme dans l'Antiquité le domaine de Pluton par le Styx.

▰▰▰ LA CHAMBRE

Cimetière, ville, forêt, boutique; il existe un autre lieu privilégié dans les contes fantastiques, dans ceux de Maupassant en particulier, c'est l'espace clos, la chambre familière où le héros se réfugie et dont il finit par être chassé. Dans « Lui? », « La Chevelure », « Lettre d'un fou », les deux versions du « Horla » et le début de « La Morte », on retrouve la même pièce avec les mêmes meubles, à quelques variantes près : le grand lit à colonnes, celui-là même dont Maupassant ne se séparait jamais malgré ses nombreux déménagements – le fauteuil dans lequel aime à s'installer le spectre, au coin du feu ou près de la fenêtre ouverte – et la glace surtout, la grande glace où l'on peut se mirer de la tête aux pieds, objet magique par excellence, qui, contre toute attente, reçoit mais ne renvoie pas l'image qu'on lui donne.

C'est dans cet espace étroit que le narrateur se débat. Investi, piégé par le surnaturel, il finit pas lui laisser la place : le narrateur de « Lui ? » fuit en se réfugiant dans le mariage; celui du « Horla » laisse l'Invisible occuper sa chambre avant de mettre le feu à la maison; celui de « Qui sait ? » quitte les pièces vides de sa demeure ; et même quand ses meubles sont revenus, il préfère rester à l'abri dans une maison de santé. Encore n'est-il pas certain que le mystérieux brocanteur ne l'en chasse pas : « Les prisons elles-mêmes ne sont pas sûres ».

Repoussé de partout, dépouillé de son territoire, privé de son espace vital, il ne reste plus au héros qu'une solution : disparaître.

██████ UN CADRE COLORÉ
SYMBOLISME DU BLANC

L'univers de Maupassant offre aussi l'apparence d'un monde coloré.

Le Horla, venu sur un bateau blanc, précédé par un pavillon rouge, est attiré par la maison blanche du narrateur. Il se nourrit de lait. C'est une rose rouge qu'il cueille ; c'est la nuit qu'il apparaît dans la profondeur du miroir. Dans l'épisode final, le feu, l'élément rouge par excellence, tente de venir à bout de cette mystérieuse blancheur. Le conte du « Horla » est une symphonie en noir, blanc et rouge – les couleurs du fantastique.

Cependant, de toutes ces couleurs, il en est une privilégiée sur la palette de Maupassant : le blanc. Associé souvent à la notion de transparence, il est si fréquemment employé dans les contes fantastiques qu'il équivaut à l'avertissement d'un danger, en tout cas sert d'annonce à l'événement fantastique. Blanche la robe de l' « Apparition », blanche la tête du chien dans « La Peur », blanche enfin – et cela semble significatif – la riche étoffe dont est couverte la chaise longue surnommée « l'endormeuse », celle qui conduit en douceur les pauvres humains vers la mort.

Ainsi troué de lueurs blanches, traversé par les souffles de l'air, animé par les reflets de l'eau, le monde fantastique de Maupassant apparaît comme un monde en vertige, comme le démontre bien, dans « Le Horla », l'épisode de la forêt de Roumare.

Le journal du narrateur commence par l'évocation du platane qui ombrage sa demeure entière et plonge ses racines dans le sol. Quoi de plus stable, de plus réconfortant qu'un grand arbre ? Pourtant, quand il se rend trois semaines plus tard dans la forêt de Roumare, les arbres prennent vite un aspect menaçant. Pris d'un désir stupide mais impérieux, le narrateur se met à tourner sur lui-même; quand il rouvre les yeux, « les arbres dansaient, la terre flottait ». Voici donc qu'à leur tour les arbres ont perdu leur stabilité, leur impassibilité rassurante, presque leurs racines.

Au monde vertical des arbres, Maupassant préfère en général le monde horizontal de l'eau, du brouillard, de la mer et du sable. L'écrivain a une prédilection pour l'élément fluide, l'air, l'eau, la chevelure, la nuit, et il n'est pas rare qu'il les associe en une même expression imagée : « Je la buvais, je noyais mes yeux dans son onde dorée », dit le fou parlant de « la chevelure », et le narrateur de « La Nuit » : « Je la regarde s'épaissir, la grande ombre douce tombée du ciel : elle noie la ville comme une onde insaisissable et impénétrable ». Nous verrons plus loin que l'être fantastique participe aussi, par sa nature, à cette liquidité.

Une telle liquidité, dissolvante et douce, peut être transparente; elle semble devenir plus dangereuse encore quand elle s'opacifie, se transforme en brouillard, ou en gelée; aux notions de transparence et de fluidité s'ajoutent alors celles de blancheur et de froid. « La rivière, cachée par ce brouillard opaque, devait être pleine d'êtres étranges qui nageaient autour de moi. J'éprouvais un malaise horrible », raconte le canotier de « Sur l'eau ». À la fin de « La Nuit », le narrateur cherche à tâtons la Seine : « Elle coulait froide... froide... froide... presque gelée... presque tarie... presque morte. Et je sentais bien... que j'allais mourir là... moi aussi ».

Le temps s'arrête; l'espace échappe au héros fantastique, s'agrandit démesurément, ou se rétrécit et l'expulse; autour de lui le monde se décolore en noir et blanc, tournoie et se fige. Dans les premiers contes de Maupassant, l'homme voyait dans un univers bien structuré apparaître un élément étrange et inquiétant. Dans les derniers contes, c'est à la décomposition de l'univers tout entier qu'il assiste, effaré et impuissant.

8 L'univers fantastique : les personnages

Face à un monde aussi mouvant, aux repères si peu assurés, quels types de personnages va créer l'écrivain?

▬▬▬ UN HÉROS ANONYME

Comme nous l'avons remarqué dans les chapitres précédents[1], Maupassant a tendance, au fil des ans, à abandonner les personnages bien caractérisés, étudiant moqueur, vieux marquis, Anglais original, aventurier basané, pour des êtres sans nom, sans particularités physiques, sans position sociale déterminée, sans métier, sans attaches, sortes de héros interchangeables dont le moi se confond parfois avec celui de l'auteur. Ainsi le lecteur peut-il se glisser sans difficulté à la place d'un personnage d'une telle plasticité. Une preuve de cette volonté d'anonymat nous est fournie par la comparaison entre les deux narrateurs des versions successives du « Horla ».

Le premier nous livre un certain nombre de détails sur lui-même : son âge, son état civil, sa fortune, sa demeure, sa domesticité.

Toutes ces précisions sont gommées dans « Le Horla » de 1887. Nous ne connaîtrons la couleur blanche de sa demeure qu'à la fin du récit, au moment où le narrateur comprend enfin pour quelle raison le Horla s'est introduit chez lui.

▬▬▬ UN SOLITAIRE

En dépit de cet anonymat, le héros fantastique de Maupassant offre certaines caractéristiques qui permettent de

---

1. Voir le chapitre 5, p. 31 *sqq* et le chapitre 6, p. 37 *sqq.*

tracer son portrait. La première de toutes, c'est qu'il est solitaire. Pas de compagnon, pas d'ami, pas d'amour. La femme qu'il adorait est morte (« La Chevelure », « La Morte »), ou bien ce n'est qu'une illusion, une photographie de carton (« À vendre »). Quand il songe au mariage, comme le héros de « Lui? », on sent bien qu'il court à un échec ; et il n'en éprouve pas moins un féroce mépris envers la femme. Mépris qu'il étend volontiers à la foule stupide.

La solitude est donc préférable et le début des contes offre souvent une espèce d'hymne à la solitude, état tranquille, heureux et passablement égoïste dans lequel se trouve un homme assez fortuné pour mener une vie sans souci matériel. « Jusqu'à l'âge de trente-deux ans, je vécus tranquille, sans amour. La vie m'apparaissait très simple, très bonne et très facile » (« La Chevelure »). « J'ai toujours été un solitaire, un rêveur, une sorte de philosophe isolé (...) content de peu » (« Qui sait? »).

Mais la solitude ne procure pas que des joies ; elle peut s'accompagner de tristesse, de nervosité, d'angoisse ; elle est propre à engendrer les terreurs superstitieuses. « Une solitude infinie et navrante m'entourait. Que faire? » (« Lui? »). « La solitude est dangereuse pour les intelligences qui travaillent (...) Quand nous sommes seuls longtemps, nous peuplons le vide de fantômes » (« Le Horla »). Solitude bienfaisante, malfaisante? En tout cas indispensable au personnage pour connaître l'aventure qui fera de lui un être différent des autres.

■■■■■ UN ÊTRE COURAGEUX ET LUCIDE

Car il a une autre caractéristique qu'il partage avec les héros des romans d'aventures : c'est la bravoure. Le narrateur de « La Peur » de 1882 est « l'un de ces hommes qu'on devine trempés dans le courage » ; le narrateur de « Lui? » affirme : « Je n'ai pas peur d'un danger. Un homme entrerait, je le tuerais sans frissonner ». Le marquis de la Tour-Samuel avant de se lancer dans son incroyable récit avertit son auditoire : « Devant les dangers véritables, je n'ai jamais reculé, mesdames ». Il se dépeint, au moment où commence son aventure, comme un jeune et fringant militaire, heureux de vivre, allant au pas de son cheval à travers la forêt qui entoure le château abandonné – on connaît la suite : ce n'est pas la Belle au bois dormant qu'il vient délivrer ; le conte de fées tourne court et s'achève dans l'épouvante. C'est la même image de chevalier quasi moyenâgeux qu'évoque le narrateur de « Qui sait ? » quand il pénètre dans l'antre du brocanteur pour y chercher son trésor, ses meubles perdus. « Et j'avançai, perclus, agonisant d'émotion, mais j'avançai, car je suis brave, j'avançai comme un chevalier des époques ténébreuses pénétrait en un séjour de sortilèges ».

Il avance les yeux grands ouverts : la lucidité est une autre de ses caractéristiques. Il apparaît comme un esprit logique, plein de bon sens, peu enclin à admettre les superstitions auxquelles se livrent les gens naïfs. Avant que ne commence l'aventure exceptionnelle dans laquelle il se trouve plongé bien malgré lui, il proclame hautement son incrédulité : « Je ne crois pas aux fantômes », affirme le héros d' « Apparition ». « Je n'ai pas peur des revenants ; je ne crois pas au surnaturel », reprend comme en écho le narrateur de « Lui ? », et celui du « Horla » de 1886 supplie : « Messieurs, écoutez-moi, je suis calme ; je ne croyais pas au surnaturel, je n'y crois pas même aujourd'hui ».

Dans les pires épreuves, le personnage de Maupassant conserve sa faculté de raisonnement. « J'avais une hallucination – c'était là un fait incontestable. Or, mon esprit était demeuré tout le temps lucide, fonctionnant régulièrement et logiquement » (« Lui ? »). « Certes, je me croirais fou (...) si je n'étais conscient, si je ne connaissais parfaitement mon état, si je ne le sondais en l'analysant avec une complète lucidité », déclare le narrateur du « Horla ». D'ailleurs cette lucidité, bien loin de l'aider à surmonter son effarement, le renforce encore quand il contemple sa carafe vide dont l'eau a disparu comme par enchantement pendant son sommeil. « Qui comprendra l'émotion d'un homme, sain d'esprit, bien éveillé, plein de raison et qui regarde épouvanté, à travers le verre d'une carafe, un peu d'eau disparue pendant qu'il a dormi ! ».

■■■■■ UNE SENSIBILITÉ EXTRÊME

Bien qu'il soit brave et lucide, le héros de Maupassant éprouve plus vivement qu'un autre les émotions et les passions. Dans l'espèce de vide intérieur dans lequel il se trouve, les images prennent vite un relief maladif, les sentiments une force inquiétante. Il est d'une sensibilité extrême aux frémissements de la nature, à la couleur du ciel, aux atmosphères. « Je m'éveille plein de gaieté, avec des envies de chanter dans la gorge. – Pourquoi ? – Je descends le long de l'eau; et soudain, après une courte promenade, je rentre désolé (...) pourquoi ? » (« Le Horla »).

L'aventure n'a pas encore commencé ; mais il est déjà dans un état d'émotivité, de réceptivité exceptionnelles. La nervosité, la tristesse s'emparent de lui : « J'étais triste, tout pénétré par une de ces tristesses sans causes qui vous donnent envie de pleurer (...) Alors une impatience nerveuse me courut dans les jambes (...) Puis soudain, un frisson de froid me courut dans le dos » (« Lui ? »). À cet état se joint une sorte de pressentiment de ce qui va se produire. Ainsi le narrateur de « La Nuit » se rend d'abord au bois de Boulogne où il reste longtemps plein d' « une émotion imprévue et puissante », qui touche « à la folie ». Puis il revient vers Paris. « Pour la première fois je sentis qu'il allait arriver quelque chose d'étrange, de nouveau. Il me sembla qu'il faisait froid (...) »). Le narrateur de « Qui sait ? » avant de voir s'enfuir ses meubles éprouve le même malaise. « Qu'était-ce ? Un pressentiment ? Ce pressentiment mystérieux qui s'empare du sens des hommes quand ils vont voir de l'inexplicable ? Peut-être ? Qui sait ? » Tout se passe comme si le corps, avant l'esprit, était secrètement averti du danger : il tressaille, une sensation de froid le saisit, puis naît et s'installe un sentiment que Maupassant connaissait bien, celui de l'attente.

« Je demeurais immobile, les yeux ouverts, l'oreille tendue et attendant. Quoi ? Je n'en savais rien, mais ce devait être terrible », dit le canotier de « Sur l'eau ». Et ce qui se produit est effectivement terrible.

■■■■■ LA TRANSFORMATION DU HÉROS

L'aventure fantastique a marqué le héros d'un sceau indélébile; même s'il en réchappe, il ne sera plus jamais le même. Son courage et sa lucidité n'ont servi qu'à rendre son combat plus poignant. Dans sa lutte contre l'invisible, il est toujours perdant.

Il a connu la peur, « la hideuse peur », cette « décomposition de l'âme ». Il a constamment côtoyé la folie et le mot « fou » – et la crainte qui l'accompagne – revient comme un leitmotiv à travers presque tous les contes.

Sous l'effet de la peur et de la folie, l'homme a senti son être se dissoudre, se ramollir, se liquéfier. « L'âme se fond; on ne sent plus son cœur; le corps entier devient mou comme une éponge, on dirait que tout l'intérieur de nous s'écroule », explique le narrateur d' « Apparition », au souvenir de l'épouvante qu'il connut autrefois. Le héros du « Horla » lui répond gravement : « Quand on est atteint par certaines maladies, tous les ressorts de l'être physique semblent brisés, toutes les énergies anéanties, tous les muscles relâchés, les os devenus mous comme la chair et la chair liquide comme de l'eau. J'éprouve cela dans mon être moral d'une façon étrange et désolante ».

■■■■■ LE THÈME DU DOUBLE

On voit apparaître là, avec le thème de l'eau, envahissante et corruptrice, cher à Maupassant[1], celui du double, si fréquent dans la littérature fantastique.

Double le canotier, divisé par la peur dans son bateau la nuit, dans l'un des premiers contes écrit en 1876 : « Je me demandai ce que je pouvais redouter; mon *moi* brave railla mon *moi* poltron, et jamais aussi bien que ce jour-là je ne saisis l'opposition des deux êtres qui sont en nous ».

Double l'homme qui agit pendant son sommeil sans s'en rendre compte : « Alors, j'étais somnambule, je vivais, sans le savoir, de cette double vie mystérieuse qui fait douter s'il y a deux êtres en nous ».

---

1. Voir le chapitre 2, p. 11 *sqq.* et le chapitre 7, p. 47 *sqq.*

Double le malheureux Jacques Parent, victime du pouvoir magnétique qu'il possède. « On dirait un autre être enfermé en moi, qui veut sans cesse s'échapper, agir malgré moi, qui s'agite, me ronge, m'épuise (...) Nous sommes deux dans mon pauvre corps, et c'est lui, l'autre, qui est souvent le plus fort, comme ce soir ».

Il ne reste au héros fantastique qu'un pas à franchir, et il le franchit dans « Le Horla » : faire de cet autre un être à part entière, mystérieux, maléfique, qui prend la place de l'homme, sa vie, son sommeil, ses pensées et « devient (son) âme ».

En somme, le héros fantastique de Maupassant, qui part vers l'aventure, solitaire, lucide et brave comme un chevalier d'autrefois, perd peu à peu sa stabilité, son unité; sa personnalité se désintègre : il devient un être en décomposition, à l'image de l'univers qui l'entoure.

▰▰▰ LES PERSONNAGES SECONDAIRES

A côté du héros, Maupassant a placé peu de comparses. Aussi ne parlerons-nous pas des personnages secondaires. Ils n'ont aucune épaisseur et ne jouent guère que des utilités.

Seul le personnage de l'antiquaire dans « Qui sait? » présente un certain relief.

L'antiquaire appartient au folklore fantastique. Symbole du passé, entouré des meubles du narrateur, il disparaît avec eux, privant le héros de sa raison de vivre, le coupant de ses racines. Il est un des rares personnages secondaires qui offre une silhouette au pittoresque vaguement terrifiant, « gros (...) comme un hideux phénomène (...) figure ridée et bouffie ». Par sa grosseur molle et son « crâne de lune », il ressemble aux monstres que la terreur de l'homme fait surgir des ténèbres malfaisantes.

▰▰▰ L'ÊTRE FANTASTIQUE

L'être fantastique, chez Maupassant, évolue de la même façon que le héros ou l'univers qui l'entoure. Dans les premiers contes, il s'apparente aux motifs du fantastique traditionnel, le revenant, le fantôme, la main maléfique. Cette dernière est décrite avec un luxe de détails horribles que nous ne rencontrerons plus dans les autres contes de Maupassant : « noire, sèche, très longue et comme crispée (...) les ongles jaunes », avec « des traces de sang ancien, de sang pareil à une crasse ».

La femme d' « Apparition » est grande, vêtue de blanc, avec une voix « douce et douloureuse qui faisait vibrer les nerfs ». « Femme ou spectre ? ». Son apparence ambiguë ne nous permet pas d'en décider. Il n'est pas jusqu'à la sensation que laisse aux doigts sa « chevelure de glace » qui ne nous induise en erreur. S'agit-il du froid de la tombe ? ou d'un phénomène naturel dans cette pièce mal aérée et sombre ? L'habileté de Maupassant consiste déjà, malgré une description précise, à nous laisser ignorer quelle est la nature véritable de l'être en face duquel nous nous trouvons.

Mais dans les contes suivants, il n'y a même plus de description précise. L'apparition dans « Lui ? » a l'allure d'un homme qui tourne le dos : on ne voit pas son visage, seulement ses cheveux, sa tête penchée, son bras pendant. Et quand le narrateur avance la main vers lui pour le toucher, le fauteuil est vide.

C'est par sa présence invisible que se manifeste d'abord le Horla, ainsi que ses avatars. Tantôt guetteur, tantôt guetté, il est celui qui se tient derrière, comme le fantôme de « Lui ? », comme l'antiquaire de « Qui sait ? ». « Il est derrière les portes », dit le narrateur de « Lui ? ». « Tout à coup, il me sembla que j'étais suivi (...) Je le sens près de moi, m'épiant, me regardant », écrit celui du « Horla ». « J'ai peur de lui, maintenant, comme si c'était une bête féroce lâchée derrière moi », s'exclame le héros de « Qui sait ? ».

Quand, à force de ruse, le héros parvient enfin à cerner cet être fantastique, le Horla apparaît comme « une sorte de transparence opaque », « sans contours nettement arrêtés ». Sa nature s'apparente à celle du « brouillard opaque » qui entoure le bateau de « Sur l'eau » et son effet maléfique est le même. Fluide et transparent, attiré par tout ce qui est blanc, il se répand comme l'eau et a tendance à liquéfier tout ce qu'il touche. Sa liquidité contagieuse atteint les forces vives du narrateur, dissout sa volonté, son esprit.

D'autre part, il tient du vampire par l'action qu'il exerce au début du récit sur le sommeil du narrateur : « Cette nuit, j'ai senti quelqu'un accroupi sur moi, et qui, sa bouche sur la mienne, buvait ma vie entre mes lèvres ». Il tient du fantôme par son apparence vaporeuse, et son origine est extra-terrestre : n'a-t-il pas traversé l'espace « comme les Normands jadis traversaient la mer pour asservir des peuples plus faibles ? ». C'est lui l'être nouveau, plus perfectionné que l'homme et qui doit lui succéder. En somme, il est l'ancêtre de ces figures que la science-fiction a rendues populaires aujourd'hui, mutants, habitants d'autres planètes ou d'autres galaxies.

Nous avons donc ici un personnage extrêmement complexe qui a hanté Maupassant de nombreuses années, puisque de « Lui ? » en 1883 au « Horla » de 1887, il en a esquissé plusieurs ébauches avant d'en présenter le portrait le plus achevé et le plus nuancé possible dans la nouvelle qui porte son nom.

Mais l'image du voleur qui s'introduit dans un esprit et le vide de sa substance a toujours poursuivi Maupassant. Déjà dans « La Chevelure », il l'a exprimée d'une manière saisissante en présentant le fou rongé par l'idée fixe : « Sa Folie, son idée était là, dans cette tête, obstinée, harcelante, dévorante. Elle mangeait le corps peu à peu. Elle, l'Invisible, l'Impalpable, l'Insaisissable, l'Immatérielle Idée minait la chair, buvait le sang, éteignait la vie ». On croirait voir l'écrivain tracer un portrait du Horla.

Cependant, dans les derniers contes, l'être fantastique, pourtant si incertain, si flou jusque-là, se dissout encore et va jusqu'à perdre son identité. Dans « La Nuit », il se confond avec l'univers. C'est Paris, la Seine, la nuit, l'espace et le temps qui deviennent fantastiques. Dans « Qui sait ? », ce sont les objets.

L'univers fantastique : les objets

Les objets, dans l'univers fantastique de Maupassant, occupent une place spéciale. S'ils ne peuvent être traités comme des personnages, ils ne peuvent non plus être assimilés à de simples éléments du décor. Ils jouent dans les contes de Maupassant un rôle à part entière et c'est peut-être là un des traits les plus originaux de son fantastique.

Tantôt ils ponctuent par leur intervention des étapes importantes du récit, tantôt ils sont avec le héros les véritables protagonistes du drame. « La crise extérieure n'est pas l'essentiel (du conte de Maupassant). L'important, c'est que l'objet chargé du sortilège en vienne à être compris, dans toute sa perversion, et accepté par le lecteur comme un sortilège... Quand on a connaissance de tout le pouvoir féroce de l'objet, le conte se termine[1]. »

DES OBJETS INNOCENTS

Maupassant, et ses personnages à son exemple, éprouvent pour les objets une sorte d'attirance sensuelle. Le narrateur de « La Chevelure » l'exprime particulièrement bien : « On regarde un objet et, peu à peu, il vous séduit, vous trouble, vous envahit comme ferait un visage de femme (...) Un besoin de possession vous gagne ». Celui de « Qui sait ? » lui répond : « Je m'étais attaché beaucoup aux objets inanimés (...) ma maison (...) était devenue un monde où je vivais d'une vie solitaire et active (...) Je me sentais dedans (...) bien heureux comme entre les bras d'une femme aimable ».

Tous deux sont solitaires et assez fortunés pour se passer leurs caprices. Ils préfèrent les objets aux humains ;

---

1. M.-C. Bancquart, « Maupassant conteur fantastique » (*Archives des Lettres Modernes,* 1976, p. 87).

mais comme par une obscure vengeance du destin, ces mêmes objets qui font leurs délices seront les instruments de leur malheur. Et comme chez Maupassant les sentiments sont volontiers ambivalents, la passion pour les choses se transforme vite en dégoût et en frayeur. « Je frémis en sentant sur mes mains son toucher caressant et léger », dit l'auteur en parlant de « la chevelure ». « Et je restai le cœur battant de dégoût et d'envie ». Le narrateur de « Lui? » avoue : « J'ai peur des murs, des meubles, des objets familiers qui s'animent, pour moi, d'une sorte de vie animale ».

En effet, les objets les plus innocents peuvent se charger de mystère et révéler un aspect inquiétant qu'on ne leur soupçonnait pas. Quoi de moins dangereux qu'une carafe, un fauteuil, un coupe-papier? Mais la carafe pleine d'eau s'est vidée toute seule au milieu de la nuit, et le narrateur la contemple, « éperdu d'étonnement et de peur, devant le cristal transparent ». Quelqu'un est assis dans le fauteuil, se chauffant les pieds au feu... Quelqu'un? Non, ce n'est personne; et devant le fauteuil vide le narrateur de « Lui? » a les mêmes réactions que celui du « Horla » devant la carafe qui aurait dû être pleine : même sursaut d'épouvante, même incrédulité, même besoin de voir et de toucher pour se convaincre, même désarroi. « Un impérieux besoin de revoir le fauteuil me fit pivoter encore une fois. Et je demeurai debout, haletant d'épouvante ».

Désobéissant davantage encore aux lois de la logique, voici que dans « Un fou? » le poignard qui sert de coupe-papier se met à avancer vers la main qui l'appelle : « Je vis, oui, je vis le couteau lui-même tressaillir, puis il remua, puis il glissa doucement, tout seul, sur le bois vers la main arrêtée qui l'attendait, et il vint se placer sous ses doigts ». Dans « Qui sait? » nous verrons aussi les objets animés d'une vie qui leur est propre; mais on aura franchi un pas de plus dans l'aberration. Dans « Un fou? » le magnétisme dont est doté Jacques Parent explique le surprenant pouvoir qu'il a sur les choses et sur les êtres; aucune explication, aucune tentative d'explication n'est fournie dans « Qui sait? ». Le narrateur ne se pose plus de questions sur la réalité du spectacle étonnant qu'il a vu. Il l'accepte. Son seul effort consiste à le cacher aux autres de peur qu'on ne le prenne pour fou.

■■■■ LE MIROIR

Parmi les objets que l'on rencontre dans les récits de Maupassant, il en est un qui joue un rôle particulièrement significatif : le miroir. Parce qu'il renvoie l'image de l'homme, il est le symbole de son être intime; il figure son double.

Il y a entre le miroir et l'être qui s'y mire un rapport magique. C'est l'objet qui assujettit à son pouvoir l'être humain. « J'étais là (...) les yeux fixés sur le verre (...) qui l'avait contenue tout entière, possédée autant que moi, autant que mon regard passionné » (« La Morte »). Le miroir comme le regard dévore le visage qu'il contemple. Mais il est impuissant à rendre la vie à qui l'a perdue. « Miroir douloureux, miroir brûlant, miroir vivant, miroir horrible, qui fait souffrir toutes les tortures ! ».

Il est impuissant à rendre à l'être sa beauté, sa jeunesse, ses qualités perdues. Longue scrutation devant la glace, étonnement du héros qui ne reconnaît plus son visage.

C'est un motif fréquent dans les contes fantastiques; le reflet alors se détache du miroir et se met à vivre de sa vie propre.

Chez Maupassant, le miroir a encore une autre fonction : il sert à l'homme de piège pour capturer l'être invisible qui le hante; mais il ne peut faire cette capture impunément ; elle s'accompagne de la perte de son reflet à lui, et de l'intégrité de son esprit. Le narrateur de « Lettre d'un fou » voit dans la glace des « images folles (...) toutes sortes de bêtes effroyables ». Le héros qui a vu le Horla lui manger son reflet est pris d'une fébrilité meurtrière : « Je le tuerai. Je l'ai vu ! ».

Miroir redoutable ! Il perd sa passivité d'objet et participe à l'œuvre de la fatalité méchante qui préside au sort du héros.

■■■■ DES OBJETS QUI S'ANIMENT

Mais encore plus redoutable le fragment détaché d'un être humain, chevelure ou main, ayant appartenu à un cadavre, et qui s'anime d'une vie mauvaise pour conduire l'homme à sa perte. Lui aussi, nous l'avons déjà vu[1], appartient à un motif du fantastique traditionnel, tout en réfléchissant certaines hantises de l'écrivain.

Pourtant ce fragment d'être n'est pas plus redoutable que les meubles et les bibelots familiers de « Qui sait? ». Décrits d'abord comme des espèces d'animaux fantasques – « les canapés bas se traînant comme des crocodiles sur leurs courtes pattes, et les petits tabourets qui trottaient comme des lapins » – ils paraîtraient comiques, avec leur allure de dessin animé, si le contexte était différent. Mais on ne songe pas à sourire et l'on partage l'angoisse du narrateur, sa résistance désespérée et son épouvante quand les meubles lui passent sur le corps « ainsi qu'une charge de cavalerie sur un soldat démonté ».

Parce qu'ils échappent aux lois de la nature et de la logique, les objets ont sur la personnalité du héros un pouvoir dissolvant. Il ne peut leur résister longtemps avant de sombrer dans la mort ou dans la folie. Le conte fantastique, c'est justement l'histoire de cette résistance inutile.

_____

1. Voir le chapitre 5, p. 31 *sqq.*

10 L'art de Maupassant

Dans les années 1880, au moment où Maupassant publie ses contes, Zola[1] anime ses romans d'un souffle épique, Huysmans[2] renouvelle l'art d'exprimer ses sensations « à rebours », les frères Goncourt[3] rendent les leurs à force de phrases contournées et de vocables précieux : c'est le triomphe du style artiste. Quelle différence avec Maupassant ! Rien de plus sobre et de plus limpide que sa manière d'écrire, pas de descriptions inutiles, pas de dialogues superflus, rien qui détourne l'attention du lecteur du drame qui se joue dans le récit, entre réel et irréel. Comme l'affirme Louis Vax dans *La séduction de l'étrange,* « l'art fantastique doit tendre à se faire oublier comme art[4] ».

▬▬▬ UN STYLE TRANSPARENT

« Le style de Maupassant est la perfection même... Ne disons pas seulement qu'il est net; il est transparent[5]. » On ne saurait mieux définir le style de Maupassant, conteur fantastique : un vocabulaire peu abondant, d'une grande simplicité, sans mots techniques, sans termes recherchés; une syntaxe souple, légère, au service des impressions et des émotions qu'il prête à ses personnages. Pas de longues phrases bien balancées, chargées de subordonnées et destinées à montrer le cheminement d'un raisonnement. Maupassant n'en a que faire dans un récit fantastique. Même lorsque son héros raisonne, il préfère rendre son argumentation par la coordination plutôt

---

1. É. Zola : 1880, *Nana;* 1883, *Au bonheur des dames;* 1885, *Germinal;* 1886, *L'Œuvre;* 1890, *La Bête humaine.*
2. J.-K. Huysmans : 1882, *À vau-l'eau;* 1884, *À rebours.* Maupassant rédige dans *Gil Blas* une chronique élogieuse sur ce livre le 10 juin 1884.
3. E. de Goncourt : 1882, *La Faustin;* 1884, *Chérie.*
4. L. Vax, *La Séduction de l'étrange* (P.U.F., 1965, p. 227).
5. G. Pellissier, cité par A. Lumbroso, *Souvenirs sur Maupassant* (Slatkine, Genève, 1981, p. 172).

que par la subordination : « J'avais une hallucination – c'était là un fait incontestable.

Or, mon esprit était demeuré tout le temps lucide (...) Il n'y avait *donc* aucun trouble du côté du cerveau » (« Lui ? »).

C'est qu'un conte fantastique est fait d'une juxtaposition d'impressions. En général, il s'agit d'un récit au passé, mais revivifié par le présent et gardant toute la fraîcheur des sensations, la vivacité des réactions du narrateur. Pour les rendre, Maupassant s'exprime dans une prose à ras de terre, banale et fluide, qui épouse les sentiments avec lesquels son personnage revit les événements d'autrefois. Tandis que les images, parcimonieuses, mais d'autant plus frappantes, confèrent au style une aura poétique, l'abondance des rythmes binaires et tertiaires, les reprises, les répétitions lui donnent sa musicalité.

■■■ LA COMMUNICATION DE L'ÉMOTION

Répétitions, reprises ne se trouvent pas dans le texte uniquement pour des effets de rythme. Elles permettent d'exprimer les sentiments du narrateur. Si le ton est souvent neutre au début du conte, très vite il se charge d'émotion. Le personnage revit l'aventure d'autrefois, retrouve l'angoisse, l'épouvante, la paniquè du temps passé et les fait partager au lecteur. À moins qu'il les éprouve pour la première fois, au fil de son journal, ainsi que dans la deuxième version du « Horla ».

Points de suspension, d'exclamation, d'interrogation, interjections, phrases inachevées, répétitions ponctuent le récit, l'interrompent parfois ; fragments de phrases repris, souvent à la forme interrogative, ou négative, introduisent un rythme de mélopée plaintive. Ainsi le début de « Qui sait ? » est martelé par l'interrogation : « Qui sait ? (...) Je ne sais pas trop pourquoi ? (...) Comment expliquer cela ? (...) Qui sait ? (...) Pourquoi suis-je ainsi ? Qui sait ? ». Le narrateur de « La Morte » ressasse : « Je ne sais pas, je ne sais plus », témoignage d'un désarroi profond.

Mais c'est dans « Le Horla » de 1887 qu'on trouve le meilleur exemple de cette transformation de l'expression. Au fur et à mesure que l'Invisible s'empare de son esprit, le narrateur change de ton. Quand il évoque le règne de l'être nouveau, il devient lyrique, prophétique – un ton tout à fait inhabituel, non seulement dans le journal du « Horla », mais dans l'œuvre entière de Maupassant.

Mais bientôt sa pensée se désorganise ; obsédé par le désir de se débarrasser de l'Être, il se répète, s'interrompt, s'exclame, s'interroge : « Le tuer, comment ? puisque je ne peux l'atteindre ? Le poison ? mais il me verrait le mêler à l'eau ; et nos poisons, d'ailleurs, auraient-ils un effet sur son corps imperceptible ? Non... non... sans aucun doute... Alors...? alors...?».

« Alors » : conclusion hésitante, interrogation inquiète, c'est par cet adverbe que s'achève la dernière phrase de la nouvelle : « Alors... alors... il va donc falloir que je me tue, moi! ».

▬▬▬ DESCRIPTIONS ET IMPRESSIONS

Dans ses contes paysans ou parisiens, dans ses romans, Maupassant ne dédaigne pas les morceaux de bravoure : longue description parfaitement ordonnée de la ville de Rouen[1], défilé cocasse de paysans normands[2], caricature de bons bourgeois provinciaux et endimanchés[3].

Rien de tel dans les contes fantastiques. Les personnages secondaires, le narrateur même sont à peine esquissés. La ville de Rouen au début du « Horla » n'est évoquée qu'à travers les sensations délicieuses et ténues du narrateur, attentif seulement à la vue des « toits bleus » et des « clochers gothiques », et à leur « doux et lointain bourdonnement de fer ». Dans son exaltation poétique, il néglige totalement le faubourg industriel de Saint-Sever, dont les hautes cheminées d'usine font pendant aux tours des églises dans toutes les autres descriptions.

1. « Un Normand », 1882, recueilli dans les Contes de la Bécasse (La Pléiade, I, p. 576).
2. « La bête à Maît'Belhomme », 1885, recueilli dans M. Parent (La Pléiade, II, p. 555).
3. « Mon oncle Jules »,1883, recueilli dans Miss Harriet (La Pléiade, I, p. 931).

En effet, bien qu'il refuse de se livrer à des descriptions pittoresques qui seraient gratuites dans le contexte du récit fantastique, Maupassant a fait ses personnages à son image, sensibles aux impressions subtiles qui naissent d'un paysage ou d'une rencontre. Mais c'est toujours par le truchement de leur regard, de leur ouïe, de leur odorat – de leurs souvenirs ou de leurs rêves – qu'il permet au lecteur d'entrer en contact avec une réalité mouvante et complexe. Dans « Le Horla », « l'air frais, léger et doux, plein d'odeur d'herbes et de feuilles », verse au cœur du héros une énergie nouvelle. S'il évoque les hirondelles, c'est parce que leur agilité est « une joie de (ses) yeux », le frémissement des herbes de la rive, « un bonheur pour (ses) oreilles » – énergie et bonheur qui ne durent pas et accentuent le contraste avec la faiblesse et le désespoir qui l'accablent bientôt.

Quand le promeneur de « À vendre » entre dans la maison inoccupée, il trouve « une grande photographie de femme... Et je la reconnus, bien que je fusse certain de ne l'avoir jamais rencontrée... Je la reconnus à ses yeux qui me regardaient, à ses cheveux roulés à l'anglaise, à sa bouche surtout, à ce sourire que j'avais deviné depuis longtemps ». Description précise ? Évocation plutôt de quelques traits d'un visage, les yeux, les cheveux, le sourire, à demi réels, à demi rêvés.

Évocation encore que celle de « la chevelure », « une longue fusée de cheveux blonds » dont nous percevons le contact avec les sentiments de dégoût et d'envie qu'elle inspire à l'auteur, « comme devant la tentation d'une chose infâme et mystérieuse ».

▄▄▄ LA VISION D'UN PEINTRE

Quand le récit le lui permet, Maupassant n'oublie pas ses dons de peintre : c'est un visuel qui sait faire voir les choses qu'il décrit.

À la manière des impressionnistes, il brosse légèrement le cadre dans lequel il va trouver la femme idéale « sur la route, dans la campagne, dès qu'on aperçoit une ombrelle rouge sur les blés » (« À vendre »). Ou bien, dans un paragraphe entier, il fait jouer le choc des couleurs et le miroitement des reflets pour dépeindre – une fois de plus – la

Seine, « vernie par le soleil du matin. C'était une belle, large, lente, longue coulée d'argent, empourprée par places; et de l'autre côté du fleuve, de grands arbres alignés étendaient sur toute la berge une immense muraille de verdure » (« L'Endormeuse »). Description somptueuse pour l'œil et pour l'oreille, grâce au jeu des allitérations en *l*.

Quand les couleurs s'enlèvent sur le fond sombre de la nuit, Maupassant nous rappelle ces peintres plus modernes, les fauves ou les expressionnistes, qui jettent sur la toile des taches crues et tournoyantes pour exprimer la force de leur vision du monde. Ainsi, au début de « La Peur », il aperçoit du train, « comme une apparition fantastique », deux hommes debout autour d'un grand feu dans un bois, « rouges dans la lueur éclatante du foyer (...) et autour d'eux, comme un décor de drame, les arbres verts, d'un vert clair et luisant, les troncs frappés par le vif reflet de la flamme, le feuillage traversé, pénétré, mouillé par la lumière qui coulait dedans ».

Mais c'est peut-être avec les artistes enclins au fantastique, Odilon Redon et James Ensor[1], que Maupassant rivalise le mieux. Maître du clair-obscur, il sait jouer avec les ombres. Nous pourrions citer maints passages, nous n'en relèverons qu'un dans « Qui sait? » – subtile et inquiétante évocation du jardin qui prépare le narrateur aux événements étranges qui vont suivre. « J'ouvris ma barrière et je pénétrai dans la longue allée de sycomores, qui s'en allait vers le logis, arquée en voûte comme un haut tunnel, traversant des massifs opaques et contournant des gazons où les corbeilles de fleurs plaquaient, sous les ténèbres pâlies, des taches ovales aux nuances indistinctes ».

Mais, et c'est une gageure, il arrive à l'auteur d'avoir à décrire l'obscurité absolue. Il n'a même plus, pour l'éclairer, comme dans le texte précédent, « le triste croissant du dernier quartier de la lune (...) rougeâtre, morne, inquiétant ». Alors, pour rendre la qualité particulière de l'ombre, il utilise des adjectifs qui semblent en mesurer la densité et la profondeur, il entasse « noir » sur « noir », comme un peintre qui procède par empâtements; il lui arrive enfin de terminer sa phrase par une comparaison qui met en branle

---

1. Voir le chapitre 3, p. 21.

notre imagination. « Quand la nuit fut *noire, très noire,* je quittai mon refuge... » (« La Morte »). « Une voûte de nuages, *épaisse comme l'immensité,* avait noyé les étoiles, et semblait s'abaisser sur la terre pour *l'anéantir* (...) Au loin (...) un fiacre roulait (...) Je cherchais à le joindre (...) à travers les rues solitaires et *noires, noires, noires comme la mort* » (« La Nuit »).

■■■■■ LES IMAGES

« Des rues noires comme la mort », « une voûte de nuages, épaisse comme l'immensité » : comme c'est le cas fréquent chez Maupassant, ces images sont introduites par un mot-outil qui amène la comparaison : *ressemblait, semblait, avait l'air, pareil à,* et surtout *comme.*

Il arrive cependant que l'écrivain supprime ce lien et utilise la métaphore. Il évoquera alors des arbres, « espaliers aux longs bras de martyrs crucifiés » (« À vendre »), des nuages « en déroute, éperdus », une forêt qui s'incline sous le vent « avec un gémissement de souffrance » (« La Peur »). Il parlera d' « une chevelure de glace » (« Apparition »), d'une chevelure coupée, « ruisseau charmant de cheveux morts » (« La Chevelure »).

Métaphores ou comparaisons, les images de Maupassant ne sont jamais superflues. Elles précisent une impression, annoncent un danger, renvoient à un monde imaginaire qui est comme le double de celui dans lequel se déroule le récit, monde mouvant, oppressant, tragique. Gouffres, montagnes, glace, armes, bourreau : elles révèlent le pessimisme profond de l'auteur. Ou bien elles expriment sa sensualité vigoureuse, cette espèce d'ivresse panique qui s'empare de lui au contact de la nature comme à celui d'une femme. « Je buvais l'air marin (...) je sentais le soleil me baiser le visage », s'écrie-t-il dans « À vendre ». Et dans « La Nuit », lorsque l'ombre descend sur la ville, « j'ai envie de crier de plaisir comme les chouettes, de courir sur les toits comme les chats; et un impétueux, un invincible désir d'aimer s'allume dans mes veines ».

Mais les images qui naissent le plus spontanément et le plus fréquemment sous sa plume sont celles qui ressortissent au thème de l'eau.

Eau bienfaisante, troublante, maléfique : si l'on voulait recenser toutes les images de l'eau que contiennent les œuvres de Maupassant, il faudrait un volume entier !

L'art de Maupassant, sous sa simplicité apparente, est donc plus riche et plus subtil qu'il n'y paraît. Mais c'est parce qu'il a su échapper aux modes de son temps et demeurer d'une sobriété classique qu'il connait aujourd'hui encore un succès durable.

11 Maupassant dans la lignée des conteurs fantastiques

Maupassant, auteur classique, auteur moderne? Par certains côtés, il appartient à la meilleure tradition du XIXᵉ siècle, – telle que l'ont représentée Hoffmann, Poe, Nodier, Gautier, Mérimée.

Il utilise fréquemment le récit encadré, prépare savamment l'intrusion de l'irrationnel dans un monde à la fois inquiétant et familier, maintient le lecteur dans l'hésitation entre ce qu'admet sa raison et l'inadmissible. Enfin les motifs traités, parfois d'une manière allusive, appartiennent eux aussi à la panoplie du fantastique traditionnel : le revenant, la main maléfique, l'objet qui s'anime, le fantôme, le vampire[1].

Cependant on a pu constater qu'au XIXᵉ siècle le conte fantastique était souvent l'histoire d'une transgression : le héros passe outre à un interdit d'ordre religieux ou social; il en subit les conséquences. Rien de tel chez Maupassant. Peut-on appeler transgression le toast imprudent que porte l'étudiant à « la main d'écorché »? De quoi est donc coupable le marquis de la Tour-Samuel? et le narrateur de « Lui? », celui du « Horla », celui de « La Nuit »?

Au fur et à mesure que les années s'écoulent, Maupassant dédaigne le schéma narratif traditionnel. Il préfère au récit encadré le récit direct, au personnage nettement caractérisé le narrateur anonyme, à des décors exotiques le cadre banal de la ville ou de la chambre : ce sont des éléments que l'on rencontre chez des auteurs modernes comme Kafka, D. Buzzati, les écrivains belges[2]. Mais c'est surtout par son approche du fantastique que Maupassant se montre moderne, en particulier dans ses derniers

1. Voir l'article de Roger Bozzetto, « Le fantastique moderne », dans la revue *Europe,* mars 1980, « Les Fantastiques ».
2. Les conteurs fantastiques belges : F. Hellens, J. Ray, T. Owen, J. Sternberg.

contes : l'irrationnel est abordé sans explication, presque comme s'il allait de soi. Maupassant se montre ainsi proche des écrivains de l'absurde, qui évoquent aujourd'hui un univers incohérent, sans normes, sans cet au-delà vengeur, mais finalement rassurant, auquel avaient recours les auteurs du XIXe siècle.

Outre l'absurdité du monde, certains des thèmes exprimés par Maupassant sont les mêmes que ceux des écrivains du XXe siècle : la perte des repères de l'espace et du temps, la déstabilisation de l'univers, le vertige qui s'en empare, l'image du labyrinthe dans lequel s'enfonce le narrateur de « Qui sait? » rappellent – toutes proportions gardées – certains textes de J.-L. Borges ou d'A. Robbe-Grillet. Nous avons constaté aussi que le personnage du Horla, extra-terrestre avant la lettre, annonçait les figures chères à la science-fiction. Et puis la place que Maupassant accorde à l'objet dans ses contes est, elle aussi, toute moderne : non seulement l'objet joue un rôle de premier plan dans le récit, mais Maupassant excelle à montrer dans les humains la part du mécanique, les fous traités comme des choses, la famille du garde-chasse paralysée par l'épouvante, les mains de Jacques Parent agitées par des soubresauts et comparées à des épées. Dans les œuvres des auteurs belges, dans celles de D. Buzzati, d'A. Pieyre de Mandiargues, d'A. Robbe-Grillet, la présence oppressante des objets inquiète, terrifie, élimine l'homme d'un monde devenu tout entier objet, sans âme, sans loi, toutes communications coupées.

Mais l'aspect moderne de Maupassant ne suffit pas à expliquer la popularité dont jouissent actuellement ses contes fantastiques. Deux traits les rendent inimitables : la qualité de l'expression et l'authenticité du témoignage. Quand nous lisons ces récits, nous entendons la voix d'un homme, une voix douloureuse, venue des abîmes de la conscience, et qui se libère pour un temps, grâce au jeu de l'écriture.

BIBLIOGRAPHIE

L'œuvre fantastique de Maupassant

– *Contes et nouvelles* (La Pléiade, 1974, 1987). Ordre chronologique, présentation de Louis Forestier. Deux volumes.
– *Le Horla et autres contes cruels et fantastiques* (Garnier, 1976). Présentation bien documentée de Marie-Claire Bancquart.

Biographie

– Albert Lumbroso, *Souvenirs sur Maupassant* (Slatkine, Genève, 1981). Des passages intéressants.
– François Tassart, *Souvenirs sur Guy de Maupassant par François, son valet de chambre*, 1911.
– Albert-Marie Schmidt, *Maupassant par lui-même* (Le Seuil, 1962).
– Armand Lanoux, *Maupassant le Bel-Ami* (Fayard, 1967).
– Henri Troyat, *Maupassant* (Flammarion, 1989).

Généralités

– André Vial, *Maupassant et l'art du roman* (Nizet, 1954). Ouvrage de fond, lire le chapitre sur les contes et nouvelles.
– Micheline Besnard-Coursodon, *Étude thématique et structurale de l'œuvre de Maupassant. Le piège* (Nizet, 1973).
– Jean Paris, *Le Point aveugle. Maupassant et le contre-récit* (Le Seuil, 1975). Une cinquantaine de pages sur récit encadrant, récit encadré.
– Jean Bellemin-Noël, *Interlignes : essais de texanalyse* (Presses universitaires de Lille, 1988). Démarche intéressante à propos du conte « Misti ».
– La revue *Europe* : « Guy de Maupassant » (juin 1969).
– *Magazine littéraire* : « Maupassant » (janvier 1980, n° 156).
– Actes du colloque de Cerisy-la-Salle. *Maupassant : miroir de la nouvelle* (juin-juillet 1986, Presses universi-

taires de Vincennes, 1988). En particulier, articles de Marie-Claire Ropars-Wuillemier, « Le Masque de Maupassant ou les enjeux d'une réécriture filmique »; de Philippe Lejeune, « Maupassant et le fétichisme »; et d'Antonia Fonyi, « La Nouvelle de Maupassant : le matériau de la psychose et l'armature du genre ».

Sur les contes fantastiques de Maupassant

● **Sur l'ensemble des contes fantastiques :**
– Pierre-Georges Castex, *Le Conte fantastique en France de Nodier à Maupassant* (José Corti, 1951). Un classique. Lire le chapitre consacré à Maupassant.
– Marie-Claire Bancquart, « Maupassant conteur fantastique » (*Archives des Lettres Modernes,* n° 163, 1976). Mince volume de grande importance.
– André Vial, « Le lignage clandestin de Maupassant conteur fantastique » (*Revue d'histoire littéraire,* novembre-décembre 1973).
– Nafissa A. F. Schasch, *Guy de Maupassant et le fantastique ténébreux* (A.-G. Nizet, 1983).

● **Sur certains contes :**
– Sorin Alexandrescu, *Le Discours étrange. Essai de définition à partir d'une analyse de « La Nuit » de Maupassant, sémiotique narrative et textuelle* (Larousse Université, 1973). Assez difficile à lire, de même que les études suivantes, vues sous l'angle de la critique moderne.
– André Targe, «Trois apparitions du Horla » (*Poétique,* n° 24, 1975).
– Marie-Claire Ropars-Wuillemier, « La Lettre brûlée : écriture et folie dans " Le Horla " » (*Le Naturalisme*, Colloque de Cerisy, 10/18, 1976).
– Jacques Neefs, « La Représentation fantastique dans *Le Horla* de Maupassant » (*Cahiers de l'Association internationale des Études françaises,* n° 32, mai 1980).
– Ross Chambers, « La Lecture comme hantise. " Spirite " et " Le Horla " » (*Revue des Sciences Humaines,* n° 1, 1980).
– Louis Forestier, « La lettre, le journal et le " hors-là ". À propos de quelques contes de Maupassant », *Cent ans de littérature française : 1850-1950* (Paris, 1987). D'une lecture plus facile.

– Juan Paredes Nunez, « Maupassant en Espagne : d'une influence concrète du " Horla " » (*Revue de littérature comparée,* n° 235, juillet-septembre 1989).

Sur le fantastique en général

● **Études historiques, faciles à lire :**
– Marcel Schneider, *La littérature fantastique en France* (Fayard, 1964).
– Louis Vax, *L'Art et la littérature fantastique* (Que sais-je ? 1960).
– Roger Caillois, *Anthologie du fantastique* (Club français du livre, 1958). Introduction intéressante.
– Jean-Baptiste Baronian, *Panorama de la littérature fantastique de langue française* (Stock, 1978).
– La revue *Europe* : « Les Fantastiques » (n° 611, mars 1980).

● **D'un abord un peu plus difficile, souvent passionnant :**
– Tzvetan Todorov, *Introduction à la littérature fantastique* (Le Seuil, 1970). Approche structuraliste. Un classique.
– Irène Bessière, *Le Récit fantastique* (Larousse, 1974).
– Ulrich Doering, *À la recherche de la raison perdue : la critique et la littérature fantastique* (Œuvres critiques IX, 2 1984).
– Gwenhaël Ponnan, *La Folie dans la littérature fantastique* (éditions du CNRS, 1987).
– Colloque organisé par l'École normale supérieure de Fontenay-aux-Roses, *La Linguistique fantastique* (septembre 1983, J. Clims, Denoël, 1985).

Filmographie

– *La Chevelure,* 1961, réalisateur : Ado Kyrou, France. Interprète : Michel Piccoli.

– *Diary of a madman* (L'étrange histoire du juge Cordier, d'après « Le Horla »), 1962, réalisateur : R. Le Borg, USA.

– *Le Horla,* 1966, réalisateur : J.-D. Pollet, France. Interprète : Laurent Terzieff.

INDEX DES THÈMES

(Les chiffres renvoient aux pages du Profil)

PROFIL LITTÉRATURE

Imprimé en France par l'Imprimerie Hérissey - 27000 Évreux
Dépôt légal : 18199 – Avril 2000 – N° d'impression : 86787